So lernen Mädchen und Jungen

Anne Scheller

Leseförderung
für Jungen

Motivierende Unterrichtsmaterialien
für die Jahrgangsstufen 2–4

CARE■LINE®

Best.-Nr. 178032
ISBN 978-3-86878-032-1

Bibliographische Information der Deutschen Bibliothek
Die Deutsche Bibliothek verzeichnet diese Publikation in der Deutschen Nationalbibliographie; detaillierte bibliographische Daten sind im Internet über http://www.dnb.ddb.de abrufbar.

Impressum

© 2010　　　　CARE-LINE Verlag in Druck+Verlag Ernst Vögel GmbH
　　　　　　　Kalvarienbergstr. 22, 93491 Stamsried
　　　　　　　Tel.: 0 94 66 / 94 04 0, Fax: 0 94 66 / 12 76
　　　　　　　E-Mail: careline@voegel.com
　　　　　　　Internet: www.care-line-verlag.de

Autor:　　　　　　　Anne Scheller
Illustrationen:　　　Anne Rasch
Redaktion:　　　　　Eva Christian
Gestaltung / Satz:　 Marina Schwarzfischer, Druck+Verlag Ernst Vögel GmbH

Alle Rechte vorbehalten. Nachdruck, auch auszugsweise, nur mit schriftlicher Genehmigung des Verlages. Für die Kopier- und Folienvorlagen räumt der Verlag ein Vervielfältigungsrecht durch Fotokopien und Thermokopien ein – ausdrücklich aber nur für den jeweiligen Unterrichtsgebrauch.

Inhalt

Einführung 4
Was ist das Ziel von Leseförderung? 4
Was ist das Ziel von geschlechtssensibler Leseförderung? 5
Was ist nicht das Ziel von geschlechtssensibler Leseförderung? 6

Hinweise für die Lehrkraft 7
Der Ansatz in diesem Buch 7
Einsatz der Materialien im Unterricht 9
Kommentare und Lösungen 10
Materialien für die Elternarbeit 11

Entwicklung und Lernen bei Mädchen und Jungen 16
Geschlechts- und Identitätsentwicklung 16
Entwicklungsunterschiede zwischen Mädchen und Jungen 16
Allgemeine Entwicklungsaufgaben in der Schule 17
Unterschiede in der Lese- und Schreibfähigkeit 18

Gemeinsame Stunden für Jungen und Mädchen 19
Kopiervorlagen: Vor dem Beginn der geschlechtssensiblen Leseförderung 20
Kopiervorlagen: Während der geschlechtssensiblen Leseförderung 23
Kopiervorlagen: Nach der geschlechtssensiblen Leseförderung 28

Sachtexte – Lesetexte und Übungen 31
Kopiervorlagen 32

Geschichten – Lesetexte und Übungen 53
Kopiervorlagen 54

Unser Bücherprojekt 76
Ein Buch und Thema auswählen 76
Lesen und sich informieren 76
Schreib-, Mal-, Bastel- und Spielideen 77
Die Präsentation 78

Anhang 79
Buch- und Internettipps für Lehrer und Eltern 79
Buch- und Internettipps für Schüler 79

Einführung

Was ist das Ziel von Leseförderung?

Auch im Jahr 2010, in dem fast überall schnelle Computer, internetfähige Handys und Navigationssysteme verfügbar sind, wird es wohl niemand abstreiten: Lesen ist eine grundlegende Fähigkeit, die jeder Mensch braucht, um am gesellschaftlichen Leben teilnehmen zu können.

Schon im Grundschulalter ist Lesen für den Alltag wichtig. Nicht nur in der Schule werden Aufgaben und Übungen traditionell schriftlich gestellt. Auch im Alltag informieren sich die Kinder fast ununterbrochen über das Dekodieren von Buchstaben: Sie lesen Bastel- und Bauanleitungen, Aufschriften von Schokoladenverpackungen, die Sportergebnisse im Videotext, die Kindernachrichten auf dem Computer und vieles mehr. Zugegeben: Ein Grundschulkind könnte – außerhalb der Schule – auch ohne das Lesen zurechtkommen. Schließlich hat es Eltern und andere Betreuungspersonen, die Alltagsdinge erklären und Termine erledigen.

Für Erwachsene aber ist ein Leben ohne Lesen in unserer Gesellschaft fast unmöglich. Zutatenlisten von Lebensmitteln, Beipackzettel von Medikamenten, Nachrichten in der Zeitung, Straßenschilder an einer unbekannten Adresse, Anweisungen auf einem Wahlzettel, Bedienungsanleitungen, Kinoprogramme und Stellenausschreibungen – all das ist (fast) nur durch Lesen zu verstehen.

An diesen Beispielen wird deutlich, warum unsere Gesellschaft Wissens- oder **Informationsgesellschaft** genannt wird: All unsere Aktivitäten und Interaktionen basieren darauf, dass Wissen weitergegeben und aufgenommen wird. Mit den Suchmaschinen im Internet, die uns in Sekundenschnelle die Antwort auf jede beliebige Frage liefern, ist dies geradezu sprichwörtlich geworden.

Lesen bedeutet damit in unserer Gesellschaft Verstehen; das Gegenstück Schreiben bedeutet Verstanden-Werden.[1] Und diese grundsätzlichen Fähigkeiten sind es, die die Schülerinnen und Schüler im Sprachunterricht in der Grundschule erwerben sollen.

Jungen sehen Lesen häufig nicht zum Vergnügen oder Zeitvertreib, sondern allein als Mittel zum Zweck, nämlich z. B. um eine Schulaufgabe zu lösen oder eine Information zu finden, an der sie selber Interesse haben. Bei Jungen ist es daher typischerweise vor allem die **Lesemotivation,** die mit geschlechtssensibler Leseförderung erhöht werden kann. Die Schüler sollen Lesen als Vergnügen erfahren. Sie sollen erleben, dass Lesen der persönlichen Weiterentwicklung dient. Dies erfährt ein Leser, wenn er beim Erkunden der Buchstabenwelten neue Ideen, Meinungen oder Sachverhalte kennenlernt, die das bisherige Denken erweitern. Die Lesemotivation wird auch gefördert, wenn die Schüler erfahren, dass Lesen keine trockene schulische Übung ist, sondern ein Ereignis des Alltags. Das kann man erreichen, indem man immer wieder alltagsnahe Texte zum Lesen anbietet. Das können SMS, Werbeprospekte oder Müsliverpackungen mit Kinderspielen darauf sein – Hauptsache, die Schüler merken, dass Lesen ein bereichernder Teil ihres täglichen Lebens sein kann. Die Lesemotivation wird auch erhöht, wenn die Jungs Lesetexte und Übungen bekommen, die bestimmte Themen behandeln, Themen, die typischerweise von Jungs bevorzugt werden (wie Sport, Abenteuer und wilde Tiere). Außerdem wird durch die Verwendung von bei vielen Jungs beliebten Textsorten (wie Sachtexte und Bildschirmtexte) die Lesemotivation der Jungs gefördert. Auch

---

[1] Als weiteres Beispiel für Verstehen und Verstanden-Werden kann das Paar Zuhören-Sprechen gesehen werden.

eine ansprechende, gemütliche Leseumgebung kann die Lesemotivation steigern (siehe dazu Seite 23).

Leseförderung möchte außerdem die **Lesekompetenz** verbessern. Diese umfasst die eher technische Seite des Lesens, das Dekodieren der Buchstaben und das Erkennen der Wörter, aber auch das Verstehen von Zusammenhängen und das Nachvollziehen von Gedankengängen und Sachverhalten. Wer Lesekompetenz besitzt, kann Informationen aus Texten aufnehmen und später schriftlich oder mündlich wiedergeben, er oder sie kann Gedankengänge und Meinungen nachvollziehen und sich in verschiedene Denkarten (bei Sachtexten), Charaktere oder Welten (bei erzählender Literatur) hineinversetzen.

Bei Jungs sind es typischerweise Geschichten, die ihnen Schwierigkeiten bereiten. Diese werden daher im Kapitel „Geschichten" besonders geübt. Durch die Verwendung typischer Jungs-Themen und Jungs-Aufgabentypen sowie spannender Belohnungsmechanismen wird dieser Teil so attraktiv wie möglich gestaltet.

Was ist das Ziel von geschlechtssensibler Leseförderung?

Dieses Heft widmet sich der geschlechtssensiblen Leseförderung für Jungen. Ich verwende bewusst das Wort „geschlechtssensibel". Die Wortwahl will deutlich machen, dass hier auf Unterschiede zwischen den Geschlechtern eingegangen wird, ohne diese als einziges Ordnungsmerkmal der Schülerinnen und Schüler zu propagieren. Außerdem wird immer wieder von „geschlechtstypischen" Vorlieben und Verhaltensweisen gesprochen, nicht etwa von „geschlechtsspezifischen". Damit wird klar, dass gewisse Verhaltensweisen, Vorlieben, Abneigungen und Fähigkeiten typischerweise, also häufig, bei Jungen bzw. Mädchen auftauchen. Dass es viele Jungen gibt, die gerne malen, und Mädchen, die sich für Fußball interessieren, soll weder bestritten noch verhindert werden.

Geschlechtssensible Förderung bedeutet nicht, dass Jungs und Mädchen gleichgemacht oder erzwungen emanzipiert werden sollen (s. Seite 6). Vielmehr will sie die Unterschiede zwischen den Geschlechtern ernst nehmen, daran anknüpfen und sie ausnutzen: Für Leseförderung, die dem Geschmack und den Fähigkeiten von Jungs und Mädchen entspricht.

Das bedeutet zum einen, dass Themen gewählt werden, die typischerweise bei Jungs bzw. Mädchen beliebt sind. Zum anderen werden Textsorten und Medien gewählt, die Jungs bzw. Mädchen von sich aus gern lesen. Zuletzt werden auch Handlungsmuster ausgesucht, die den Geschlechtern oft besonders liegen, und diese in entsprechende Aufgabentypen umgewandelt (s. Seite 7–8).

Ziel der geschlechtssensiblen Leseförderung für Jungen ist es, den Jungen stärker das Lesen von erzählender Literatur nahezubringen. Jungen lesen typischerweise gerne informationsorientiert, sie lesen, um Wissen zu erlangen. Sie sind sehr gut im Lesen von Sachtexten und nicht-linearen Texten (Schaubilder, Diagramme) und entnehmen ihnen Informationen. Weniger häufig lesen Jungs zum Vergnügen und als Freizeitbeschäftigung, sie lesen seltener Geschichten. Dies wird im Kapitel „Geschichten" geübt. Dort stehen vielfältige Lesetexte und Aufgaben zur Verfügung, die Textsorten und Medien behandeln, die typischerweise von Mädchen bevorzugt werden. Durch das Lesen von erzählenden Texten, durch kontinuierliches Lesen sowie das Hineinversetzen in Personen und Situationen schulen die Jungs wichtige Aspekte ihrer **Lesekompetenz.**

Ein weiteres Ziel der geschlechtssensiblen Leseförderung liegt, wie oben schon erwähnt, im Steigern der **Lesemotivation**. Die Lesetexte und Aufgaben in den Kapiteln „Geschichten" (s. Seite 53 ff.) und „Sachtexte (s. Seite 31 ff.) behandeln Themen, die typischerweise von Jungs bevorzugt werden: Piraten, Sport, Abenteuer, Technik und Ähnliches. Bei vielen Jungs wird es die Lesemotivation erhöhen, lesend von ihren typischen Lieblingshelden und Lieblingsthemen umgeben zu sein. Das Kapitel „Sachtexte" enthält außerdem Lesetexte und Aufgaben, die die typischerweise bevorzugten Textsorten und Medien der Jungs verwenden. Dies sind Sachtexte und Bildschirmmedien. Auch diese Verwendung von beliebten Textsorten wird die Lesemotivation vieler Jungs erhöhen.

Im Mittelpunkt der geschlechtssensiblen Leseförderung stehen also die Lesenden selbst. Selbstverständlich sollte eine gute Lehrkraft immer jedes einzelne Kind als Individuum mit individuellen Stärken, Schwächen, Vorlieben und Abneigungen sehen. Da dies im Schulalltag aber nicht immer hundertprozentig möglich ist, hilft eine Annäherung an die jungen Persönlichkeiten über geschlechtstypische Parameter. Themen, Textsorten, Medien und Arbeitsweisen werden mit den Geschlechtern im Hinterkopf ausgewählt (s. Seite 7–8). Gleichzeitig müssen geschlechtstypische Vorlieben teilweise auch überwunden werden, damit eine ausgewogene Lesekompetenz entsteht.

Was ist nicht das Ziel von geschlechtssensibler Leseförderung?

Geschlechtssensible Förderung birgt neben all ihren Chancen auch gewisse Risiken. Das größte Risiko liegt vermutlich im Unverständnis und im Unwissen der Umwelt, seien es die Eltern oder andere Lehrer. Viele Menschen stellen sich unter geschlechtssensibler Förderung ein gefährliches Festklopfen überholter Rollenklischees vor: „Jungs sollen mal wieder die tumben Grobmotoriker sein und Mädchen die rosa Prinzessinnen? – Nein, danke!"[2] Das Festigen von Rollenklischees ist aber ganz sicher kein Ziel von geschlechtssensibler Förderung, egal ob im Bereich des Lesens oder in anderen Schulfächern. Jungs sind nicht alle gleich und Mädchen auch nicht, vielmehr sind alle Kinder Individuen: Dieser Grundsatz liegt auch der geschlechtssensiblen Förderung zugrunde.

Gleichzeitig ist geschlechtssensible Förderung aber auch keine erzwungene Emanzipation der Geschlechter. Geschlechtssensible Leseförderung möchte nicht erreichen, dass plötzlich alle Jungs Pferde mögen und ihre Haare flechten. Genauso wenig will sie, dass alle Mädchen von nun an Dinosaurier lieben und gerne lauthals schreiend herumtoben.

Geschlechtssensible Förderung hat auch kein Gleichmachen der Geschlechter zum Ziel – in welche Richtung auch immer. Die Unterschiede der Geschlechter sind in Ordnung, so wie sie sind. Sie dienen gerade im Grundschulalter der Persönlichkeits- und Identitätsentwicklung. Schon aus rein biologischer Notwendigkeit müssen Jungs und Mädchen sich irgendwann in ihrer Entwicklung als Männer und Frauen begreifen.[3]

Wie oben bei den Zielen der geschlechtssensiblen Leseförderung (s. Seite 5) bereits erwähnt, kommt es auf die Empathie der Lehrkraft an, auf das Einfühlen in jeden einzelnen Schüler und jede einzelne Schülerin. Daher sollte geschlechtssensible Förderung nicht als Zwang, sondern als Angebot verstanden werden. Es ist eine Chance für die Leseförderung, den Jungs Texte mit typischen Jungenthemen zu lesen zu geben, genau wie den Mädchen Texte mit typischen Mädchenthemen. So werden die Schülerinnen und Schüler dort abgeholt, wo sie stehen. Gemeinsam mit ihnen wird Lesen als lustige, spannende und interessante Aktivität entdeckt. Das Kapitel „Geschichten" zeigt aber, dass die geschlechtssensible Leseförderung keine reine „Spaßkultur" ist. Vielmehr sollen auch Jungen die Textsorten lesen (hauptsächlich erzählende Texte) und die Medien verwenden (Druckmedien), die typischerweise eher bei Mädchen hoch im Kurs stehen (und umgekehrt).

---

[2] Hinweise, Argumente und Kopiervorlagen für die Elternarbeit finden Sie am Ende der „Hinweise für die Lehrkraft" ab Seite 11.
[3] Mit diesen Aspekten beschäftige ich mich ausführlicher im Kapitel „Entwicklung und Lernen" ab Seite 16.

Hinweise für die Lehrkraft

Der Ansatz in diesem Buch

Das vorliegende Buch versammelt Lesetexte und Übungen speziell für Jungen im Grundschulalter, von der zweiten bis zur vierten Klasse. Die Texte und Aufgaben sind nach bestimmten Kriterien zusammengestellt worden, um ein Leseprogramm zu gewährleisten, das Jungen gleichzeitig besonders viel Spaß und besonders viel Nutzen bringt.

Zum einen behandeln die Texte **Themen,** für die Jungen sich typischerweise sehr interessieren.

Typische Jungen-Themen

Abenteuer	• Ritter, Samurai • Piraten • Detektive • Krimis • Natur
Fantastisches	• Geister • Zauberer • Fantasy • Aliens • Drachen und Monster
Sport und Spiel	• Sportarten • Freizeitbeschäftigungen
Technik	• Computer, Roboter • Fahrzeuge (Autos, Baumaschinen …) • Bauwerke (Brücken, Tunnel …)
Natur und fremde Länder	• Tiere (gefährliche Tiere, Dinosaurier …) • Natur (Vulkane, Erdbeben …) • Pharaonen

Verschiedene Studien und Autoren berichten davon, dass persönliche Schlüsseltexte allen Schülern – vor allem aber den Jungen – einen Motivationsschub bringen: Lesen von Texten, die für den Leser thematisch ansprechend und in seiner individuellen Mikro-Kultur angesiedelt sind, macht mehr Spaß, als Lesen von inhaltlichen Fremdtexten.[4]

Welche Themen für Jungen besonders interessant sind, können Sie in der Tabelle nachlesen. Möglicherweise können Sie diese Liste aus Ihrer Praxis noch erweitern oder differenzieren. Tun Sie das! Passen Sie die Themen der Lesetexte möglichst genau an die Vorlieben und Abneigungen Ihrer Schüler an.

Die Lesetexte in diesem Buch verwenden auch einen jungentypischen **Wortschatz.** Dieser ergibt sich schon aus den Lieblingsthemen. Eine Befragung aus dem Jahr 1993 hat ergeben, dass „Auto" und „Fußball" von der zweiten bis zur vierten Klasse die Lieblingswörter von Jungen sind.[5] Wörter, die Freizeitaktivitäten bezeichnen wie „Lego" und „Gameboy", sind im Lieblingswortschatz ebenfalls besonders häufig, wobei bei den Jungs besonders viele Sportarten („Karate", „Basketball", „Tennis") vertreten sind. Auch technische Begriffe („Rakete", „Flugzeug", „Computer") sind bei den Jungs sehr beliebt.[6] Der in dieser Studie festgestellte Lieblingswortschatz von Jungs bestätigt also die in der Tabelle zusammengestellten Jungen-Themen.

Die Studie deutet übrigens darauf hin, dass der geschlechtstypische Jungen-Wortschatz den Lehrkräften weniger bekannt ist als der Mädchen-Wortschatz. Das bedeutet, dass selbst Lehrkräfte, die beim Schriftspracherwerb auf geschlechtstypischen Wortschatz eingehen, die Jungen unbewusst benachteiligen könnten.

Die **Protagonisten** der Lesetexte in diesem Buch sind fast immer männlich. Das erleichtert es den jungen Lesern, sich in die Figuren hineinzuversetzen. Somit fällt auch das Lesen leichter und die Motivation wird erhöht.

---

[4] Zum Beispiel Vera F. Birkenbihl (2005), Jungen und Mädchen: wie sie lernen, München, S. 70–71.

[5] Sigrun Richter (1994), „Geschlechtsspezifischer Lieblingswortschatz. Ergebnisse einer Untersuchung zu „Jungen- und Mädchen-Wörtern", Mädchen lernen anders lernen Jungen. Geschlechtsspezifische Unterschiede beim Schriftspracherwerb, hrsg. v. Sigrun Richter und Hans Brügelmann, Bottighofen am Bodensee, S. 133–142.

[6] Außerdem zeigt sich bei den Jungs über die Jahrgangsstufen hinweg eine fröhliche Präferenz für fäkales und sexuelles Vokabular („Arsch", „sexy", „Pimmel"). Die meisten dieser Wörter wird man wohl in der schulischen Leseförderung nicht unbedingt verstärkt verwenden wollen.

Die letzten drei Punkte in der Tabelle wirken sich unmittelbar auf die **Textsorten** aus, die von Jungs typischerweise bevorzugt werden. Jungs interessieren sich häufig stark für Sachthemen aus dem naturwissenschaftlichen, aber auch aus dem sportlichen Bereich. Das liegt vermutlich an der Erziehung, die Jungs und Mädchen in unserer Gesellschaft auch heute noch typischerweise genießen: Jungen werden meist ermutigt, sich nach außen zu orientieren und ihre Identität aktiv in der weiteren Umwelt zu erproben. (Mädchen dagegen werden auf die häusliche Umgebung hin ausgerichtet, auf die Beziehungen im direkten Umfeld, auf die eigene Innenwelt und die anderer.) Jungs lesen daher eher Sachtexte, in denen sie ihren Wissensdurst und ihr Interesse an der Welt da draußen stillen können. Erzählende Texte, die häufiger einen stärkeren Fokus auf Beziehungen und Gefühle legen, sprechen viele Jungs dagegen weniger an. Außerdem bevorzugen Jungen tendenziell Bildschirmmedien, während Mädchen lieber mit klassischen Druckmedien, also Büchern und Zeitschriften, umgehen.

Diese Reduzierung auf eine Textsorte (nämlich Sachtexte) wirkt sich nachteilig auf die Lesekompetenz der Jungen aus. Erzählende Texte (Geschichten) werden von ihnen typischerweise schlechter verstanden. Jungen haben mehr Schwierigkeiten, Texte kontinuierlich durchzulesen und sich in Ereignisse, Situationen und Figuren hineinzuversetzen. Somit haben sie im Allgemeinen mehr Schwierigkeiten in sprachlichen und sozialen Fächern. Aber auch in späterer Zeit, im Alltag wie im Berufsleben, kann es sich ungünstig auswirken. (Denken Sie nur an die verbreitete Meinung, Männer können ihre Gefühle nicht ausdrücken.)

Das vorliegende Buch begegnet der Textsorten-Bevorzugung der Jungen auf zweierlei Weise. Zum einen wird sie genutzt: Die Jungen werden im Kapitel „Sachtexte" bei ihren beliebten und bewährten Textsorten abgeholt. Das erzeugt Erfolgserlebnisse und steigert so die Motivation. Zum anderen gehen die Lesetexte und Übungen im Kapitel „Geschichten" darüber hinaus: Jungen lesen nun erzählende Texte, sie versetzen sich in fremde Welten hinein und lesen kontinuierlich, um diese wichtigen Aspekte der Lesekompetenz zu üben.

Wie aus der Themenliste oben hervorgeht, interessieren sich viele Jungen für **aktive** und **bewegungsorientierte** Tätigkeiten. Das liegt vermutlich zum einen an der erwähnten Tendenz, Jungen stärker mit Bezug auf die außerhäusliche Umgebung zu erziehen. Zum anderen resultiert es auch daraus, dass bei Jungen im Grundschulalter die Grobmotorik besonders gut entwickelt ist. Ihre Bewegungsfreude kann und sollte daher auch beim Lesenlernen ausgenutzt werden. Viele Aufgaben in diesem Buch umfassen daher nicht nur sitzendes Lesen und Schreiben, sondern auch handlungs- und bewegungsorientierte Aktivitäten. (Bei den Mädchen ist es anders herum; ihre hochentwickelte Feinmotorik erleichtert ihnen kreative Tätigkeiten wie Basteln und Malen.)

Zwei Grundsätze dieses Buches sind außerdem **Alltagsnähe** und **Belohnung.** Sowohl die Lesetexte als auch die Aufgaben kommen aus der täglichen Erfahrungswelt der jungen Leser. So werben zum Beispiel die Werbetexte auf Seite 36 nicht für Waschmittel, sondern für Spielzeug. Viele Aufgaben bieten den Jungs Belohnungen in Form von Punkten, Ausmalbildern und Lösungswörtern. Das kennen sie von Computerspielen und spornt sie noch einmal an.

Zuletzt basieren die Aufgaben in diesem Heft auf der Annahme, dass Lesenlernen eng mit dem **Schreibenlernen** verknüpft ist. Das Schreiben der Buchstaben hilft dabei, sich diese Buchstaben zu merken. Durch die vielen Wiederholungen merkt das Gehirn, dass es wichtig ist, sich diese Kombination aus Schriftbild und Lautform zu merken, und es legt neue Nervenbahnen dafür an. Auf der Wortebene funktioniert das genauso: Durch das wiederholte Schreiben von Wörtern prägt der Lerner sich die kompletten Wörter ein, sodass sie bald nicht mehr Buchstabe für Buchstabe gelesen werden müssen. In diesem Heft finden Sie daher viele Schreibübungen, die den Leselernprozess unterstützen sollen.

Einsatz der Materialien im Unterricht

Die Materialien in diesem Buch sind für Leser der zweiten bis vierten Klasse konzipiert. Der Schwierigkeitsgrad der Lesetexte und Übungen steigert sich innerhalb der einzelnen Kapitel von kurzen zu längeren Texten und einfachen zu anspruchsvolleren Aufgaben. Alle Schwierigkeitsgrade sollen die Lesekompetenz und gleichzeitig die Lesemotivation fördern.

Sterne ✯ vor den Aufgaben geben den Schwierigkeitsgrad an. Sie steigern sich von einem Stern für leichte Aufgaben, die für Zweitklässler geeignet sind, über zwei Sterne (mittelschwere Aufgaben für Drittklässler) bis zu drei Sternen für schwierige Aufgaben (geeignet für Viertklässler). Welche Aufgaben und Übungen konkret für welche Schüler in Ihren Klassen angemessen sind, sollten Sie als Lehrkraft entscheiden.

Einige Seiten enthalten Zusatzaufgaben ⌾, die von den Schülern freiwillig bearbeitet werden können.

Die Materialien können an vielen verschiedenen Stellen im Unterricht eingesetzt werden. Möglich sind alle Orte, an denen Jungen und Mädchen getrennt arbeiten und verschiedenen Aufgaben erhalten können: Freiarbeit, Stationentraining, eine Lesewerkstatt, Wochenplanarbeit, Förderstunden und Vertretungsunterricht. In der Übersicht auf der folgenden Seite sind einige Ideen zur Verwendung der Lesetexte und Übungen versammelt.

Die Kopiervorlagen setzen teilweise voraus, dass Jungen und Mädchen nicht nur unterschiedliche Texte und Aufgaben bearbeiten, sondern auch an unterschiedlichen Orten arbeiten, zum Beispiel die Jungen in der Turnhalle (s. Seite 46–48) oder die Mädchen im Computerraum (s. Seite 51 und 72 in „Leseförderung für Mädchen"). Wenn keine zwei Lehrkräfte für die Klasse zur Verfügung stehen, können sich zwei Klassen für die geschlechtssensible Leseförderung zusammentun. Dann betreut eine Lehrkraft die Jungen, die andere die Mädchen.

Der Einsatz der Materialien wird aufgelockert, wenn Sie zusätzlich zu den Lesetexten audiovisuelle und interaktive Medien verwenden. Es gibt zahlreiche Hörbücher, Hörspiele, Filme und Spiele, die sie passend zu den bearbeiteten Themen auswählen können. Filme und Hörspiele können immer in Ausschnitten angesehen bzw. angehört werden. Die Verwendung anderer Medien kann die Lesemotivation Ihrer Schüler steigern. Gleichzeitig unterstützt sie die Lesekompetenz, denn die Beschäftigung mit dem Thema erzeugt eine Erwartungshaltung hinsichtlich Inhalt und Vokabular: Wer einen Filmausschnitt über den Weltraum gesehen hat, wird im folgenden Text die Wörter „Rakete", „Astronaut" und „Mondfahrt" leichter lesen, weil er solche Wörter erwartet.

Sie können die Lesetexte auch selber auf Kassette oder Computer aufnehmen. Oder geben Sie diese Aufgabe fortgeschrittenen Schülern. Schüler in niedrigeren Klassenstufen können von diesen Hörtexten stark profitieren. (Und Sie schlagen in der Unterrichtsvorbereitung gleich zwei Fliegen mit einer Klappe.) Hilfreich und spannend für die Schüler ist es auch, einen Lesetext als Hörspiel oder Theaterstück (s. Seite 27) zu gestalten.

Hören und Sprechen ist überhaupt eine gute Ergänzung zum leisen Lesen, daher sollten Sie die Schüler immer wieder ermutigen, sich Texte gegenseitig vorzulesen.

wo?	wie?
Freiarbeit	Die Materialien sind ohne große Erklärungen oder Erläuterungen einsetzbar. Daher können sie von den Schülern in Freiarbeit nahezu beliebig ausgewählt und bearbeitet werden.
Stationentraining	Für das Stationentraining eignen sich besonders die Aufgaben mit Schwierigkeitsgrad ✶, da bei ihnen der Zeitaufwand am geringsten gehalten ist. Wählen Sie drei bis vier Aufgabenblätter aus, die etwa gleich aufwendig sind. Je nach Anzahl der Schüler werden ca. 3–4 Kopien eines Arbeitsblattes pro Station benötigt. Diese verbleiben an der Station, Aufgaben werden auf einem Block bearbeitet. Halten Sie ausreichend Materialien für mehrere Schüler bereit (meist nur Papier und Stifte). Nun gehen die Leser im eigenen Tempo von Arbeitsstation zu Arbeitsstation und bearbeiten die Arbeitsblätter selbstständig und in einer selbst gewählten Reihenfolge.
Werkstatt	Die Schüler können die Materialien im Rahmen einer Lesewerkstatt bearbeiten. Dafür sollten Sie die Lesetexte und Übungen aussuchen, die zur Klassenstufe bzw. zur Lesekompetenz Ihrer Schüler passen. Erstellen Sie einen Werkstattplan, auf dem jeder Schüler eintragen kann, wann er welches Arbeitsblatt bearbeitet hat. Bestimmen Sie am besten sogenannte Berater, die die Arbeit der Schüler kontrollieren und das ebenfalls auf dem Werkstattplan eintragen; das können erfahrenere Schüler oder eine Lehrkraft sein. Eine solche Werkstatt kann sogar für jeden Schüler individuell erstellt werden, sodass ein Höchstmaß an individueller Förderung gewährleistet ist.
Wochenplanarbeit	Im Wochenplan werden Lernschritte und Lernziele für eine Woche festgelegt. Legen Sie zusammen mit den Schülern ein Wochenziel fest (zum Beispiel: „fünf Minuten flüssig lesen können" oder „aus einer Geschichte das wichtigste Gefühl herausfinden können"). Wählen Sie passende Arbeitsblätter aus und erstellen Sie einen Wochenplan, wobei die Reihenfolge der Bearbeitung von den Lesern frei gewählt werden kann. Am Ende der Woche sollte jeder Schüler einen Kommentar zum Wochenplan aufschreiben. Lesen Sie die Kommentare und zeichnen Sie den Plan ab. Besprechen Sie den Plan mit den Schülern.
Förderstunden	Die Materialien können im Förderunterricht eingesetzt werden. Wählen Sie hierbei zunächst Aufgaben mit ✶-Schwierigkeitsgrad aus und gehen Sie nur langsam zu schwierigeren Aufgaben über.
Vertretungsstunden	Da die Materialien keine oder nur wenig Vorbereitung benötigen, können sie gut in Vertretungsstunden eingesetzt werden.

Kommentare und Lösungen

Was wollen wir lesen? (S. 20)

Diese Übung können Sie in geschlechtsgetrennten Gruppen durchführen. Dann können Sie die Ergebnisse des Brainstormings auswerten und in Ihre Unterrichtsplanung einfließen lassen. Erstellen Sie zum Beispiel eine quantitative Liste: Welche Wünsche werden am häufigsten genannt, welche am wenigsten?

Sie können auch qualitativ auswerten, zum Beispiel indem Sie feststellen, was sich Jungs und was sich Mädchen besonders an Lesetexten und -themen wünschen. Außerdem können Sie die Ergebnisse des Brainstormings mit Ihrer Kenntnis der einzelnen Schüler abgleichen. Wünschen sich die Kinder eher etwas, was sie sowieso schon gut können? Oder möchten sie eher Texte lesen, mit denen sie Schwierigkeiten haben?

Sie können die Arbeitsblätter in der Klasse aushängen. Sicher ist es auch für viele Schülerinnen und Schüler interessant, die Wünsche der Klassenkameraden mit den eigenen Vorlieben zu vergleichen. Eventuell sollte dies aber vorab besprochen oder angekündigt werden.

Mädchen- und Jungengeschichten schreiben/lesen (S. 25/26)

Die Arbeitsblätter von Seite 25 und 26 sind als zusammengehörig zu behandeln. Auf Seite 25 schreiben die Schülerinnen und Schüler in geschlechtshomogenen Gruppen Geschichten. Das Besondere dabei ist, dass der Titel und die Hauptfiguren schon vorgegeben sind.

Die Aufgabenstellungen auf Seite 26 ermuntern die Kinder, sich die Geschichten vorzulesen und darüber zu nachzudenken. Dabei ist einerseits die Vielfalt an möglichen Geschichten zu bemerken – trotz gleichen Titels werden sehr verschiedene Werke dabei herauskommen. Dann überlegen die Schülerinnen und Schüler, welche Geschichten sie besonders mögen. Hängt das damit zusammen, wer sie geschrieben hat – ob Jungen oder Mädchen? Und gibt es überhaupt Unterschiede zwischen den Jungen- und Mädchengeschichten?

Achten Sie bei der Diskussion darauf, dass es nicht persönlich wird.

So ein Theater (S. 27)

Als Grundlage für das Theaterstück können die Geschichten von Seite 54, 64, 68–69 oder 70–71 angeboten werden.

Tolle Erlebnisse rund ums Lesen (S. 29)

Ein Literaturtipp speziell für die Lesenacht ab der 3. Klasse ist: Sissi Flegel, Gruselnacht im Klassenzimmer, Stuttgart (2000).

SMS – So Macht lesen Spaß (S. 34)

Abkürzungen: 8ung = Achtung, 4u = für dich (for you), we = Wochenende, CU = Wir sehen uns (see you)

Das Steh-auf-Spiel (S. 42)

Dieses Spiel wird für Unruhe in der Klasse sorgen. Lassen Sie sich davon nicht ärgern. Im Gegenteil, freuen Sie sich darüber! Die Schüler können sich bei diesem Spiel richtig austoben und haben danach sicher wieder mehr Ruhe für das Lesen und Üben im Sitzen. Ganz nebenbei schreiben und lesen sie bei dem Spiel auch noch.

Lesen und Ballspielen (S. 46), Die Lese-Sport-Olympiade (S. 47/48)

Die meisten Jungs bewegen sich gerne. Natürlich trifft das nicht auf alle zu. Wer partout keine Lust hat, bei den Spielen mitzumachen, kann andere Aufgaben übernehmen: Als Spielleiter die Punkte notieren, Urkunden für alle Mitspieler schreiben, Medaillen für die Sieger basteln, Getränke bereitstellen ...

Einen Lexikonartikel schreiben (S. 51)

Damit Ihre Schüler ihre Artikel beim Grundschulwiki einstellen können, müssen sie einen Benutzernamen und ein Passwort besitzen. Dieses erhalten sie, wenn Sie als Lehrer sich beim Grundschulwiki anmelden. Schreiben Sie dazu eine Mail an email@grundschulwiki.de und befolgen Sie dann die Anweisungen. Ausführliche Informationen zum Grundschulwiki erhalten Sie auf der Startseite unter „Hilfe für Eltern, Lehrer und Erzieher".

Um einen Artikel im Wiki einzustellen, müssen die Schüler die Erklärung im Wiki lesen und verstehen. Das ist nicht ganz einfach. Am besten führen Sie das Einstellen einmal mit einer Gruppe von Schülern gemeinsam durch. Danach können die Jungen ihre eigenen Artikel einstellen. Wenn sie das in Partnerarbeit tun, können sie sich gegenseitig helfen.

Lies genau! Sätze sortieren (S. 58)

1-4-2-3
4-2-5-1-3
3-4-2-1

Materialien für die Elternarbeit

Auf den folgenden Seiten erhalten Sie Materialien, die Sie in der Elternarbeit einsetzen können. Auf Seite 13 finden Sie eine Kopiervorlage für eine Einladung zum Elternabend. Darin sind kurz die wichtigsten Grundsätze der geschlechtssensiblen Leseförderung zusammengefasst sowie einige Argumente für solch eine Vorgehensweise aufgezählt. Sie müssen nur noch Klasse, Datum, Uhrzeit und Ort eintragen. Selbstverständlich können Sie auch Ihre eigene Einladung verfassen. Wenn Sie wollen, nehmen Sie einige Punkte aus dieser Einladung als Anregung.

Bei der Elternversammlung werden möglicherweise viele Fragen auftauchen. Einige Eltern werden einfach mehr Informationen über die geschlechtssensible Leseförderung benötigen. Andere werden dem Ansatz möglicherweise kritisch gegenüberstehen, da sie befürchten, dass Sie in der Schule überholte Rollenklischees festigen wollen. Zu einigen Fragen sind auf Seite 14 mögliche Antworten notiert.

Wenn Sie alle Eltern ausführlich informiert und viele Fragen beantwortet haben, können Sie den Eltern das Merkblatt mit nach Hause geben, das auf Seite 15 abgedruckt ist. Es enthält allgemeine Tipps, wie Eltern zu Hause mit ihren Kindern Lesekompetenz und Lesemotivation fördern können. Darüber hinaus nennt es auch einige Ideen, wie speziell Eltern von Jungen ihre Kinder weiter fördern können.

Im Anhang (Seite 79) finden Sie Hinweise auf aktuelle Literatur zum Thema geschlechtssensible Leseförderung. Nehmen Sie diese zum Elternabend mit. Lassen Sie die Titel herumgehen oder richten Sie einen Büchertisch ein, an dem die Eltern in die Werke hineinschnuppern können.

Das soll nicht bedeuten, dass Ihre pädagogisch-didaktische Autorität nicht ausreicht. Es soll vielmehr Ängste und Sorgen bei den Eltern abbauen. Geben Sie ihnen die Möglichkeit, sich bei Bedarf ausführlich mit dem Thema geschlechtssensible Förderung zu beschäftigen. Schließlich wollen alle Beteiligten – Eltern und Lehrer – nur das Beste für die Kinder.

Tipp: Natürlich müssen Sie keinen Elternabend veranstalten. Geben Sie einfach den Schülerinnen und Schülern zu Beginn der geschlechtssensiblen Leseförderung das Blatt mit den Fragen und Antworten (Seite 14) für die Eltern mit. Später können die Eltern dann auch noch das Merkblatt mit den Tipps für zu Hause bekommen (Seite 15).

Einladung zum Elternabend

Liebe Eltern!

Hiermit möchte ich Sie herzlich einladen zum Elternabend der Klasse _____

am _____ , um _____

in _____ .

An diesem Abend möchte ich Ihnen gerne vorstellen, wie wir in nächster Zeit in der Klasse den Leseunterricht gestalten wollen: Mit geschlechtssensibler Leseförderung, d. h. Leseförderung speziell für Mädchen und Leseförderung speziell für Jungen.

Die Leseförderung soll zum einen die Lesekompetenz Ihrer Kinder verbessern. Das bedeutet, dass die Schülerinnen und Schüler unbekannte und bekannte Texte selbstständig lesen können. Zum anderen wollen wir auch die Lesemotivation steigern. Lesen soll Spaß machen und unser Leben bereichern, das wollen wir hier in der Schule erfahren.

Bei geschlechtssensibler Leseförderung gehen wir davon aus, dass Mädchen und Jungen oft typische Vorlieben, Abneigungen, Stärken und Schwächen zeigen. Diese typischen Merkmale können wir in der Leseförderung nutzen: Wenn ein Mädchen Texte über Prinzessinnen liest, wird es ihr zumeist mehr Spaß machen, als wenn es etwas über Flugzeuge liest. Das richtige Thema steigert also die Lesemotivation. Andererseits kann man mit geschlechtssensibler Leseförderung auch typische Schwächen ausmachen und besonders fördern: So lesen Jungen oft mehr Sachtexte und nicht-lineare Texten (Schaubilder, Tabellen u. ä.) und haben dafür Schwierigkeiten mit Geschichten und Märchen. Die typischen Vorlieben können wir nutzen, um wieder die Motivation zu erhöhen. Doch auch die typischen Schwächen der Mädchen und Jungen wollen wir mit geschlechtssensibler Leseförderung angehen. So werden wir mit den Mädchen zum Beispiel verstärkt üben, Sachtexte zu lesen, und mit den Jungen Geschichten.

Mit geschlechtssensibler Leseförderung können wir außerdem die Aufgabenstellungen besonders gut an die typischen Vorlieben von Mädchen und Jungs anpassen. So arbeiten Mädchen meist besonders gerne kreativ, Jungs dagegen sehr gerne aktiv und in Bewegung. Diese Vorlieben werden in den Lesetexten und Übungen für die Mädchen und Jungen berücksichtigt.

Beim Elternabend werde ich meine Vorgehensweise genauer erläutern. Es wird viel Zeit für Ihre Fragen geben.

Es freut sich auf Ihr Kommen

Fragen und Antworten

Geschlechtssensible Leseförderung – wie genau sieht die aus?

Mädchen und Jungen werden in der nächsten Zeit im Unterricht nicht immer die gleichen Aufgaben bekommen. Stattdessen bekommen die Mädchen Lesetexte und Übungen, die speziell für Mädchen konzipiert und geschrieben sind. Die Jungs lesen Texte und bearbeiten Aufgaben speziell für Jungs. Am Anfang, zwischendurch und am Ende werden wir immer wieder gemeinsame Stunden abhalten. Dabei reflektieren wir unser Lesen und überlegen auch, was uns Spaß macht und was uns beim Lernen hilft.

Die Lehrkraft wird wie immer individuell auf alle Schülerinnen und Schüler eingehen und darauf achten, dass niemand über- oder unterfordert wird.

Müssen wir Jungen zu zappeligen Technikfreaks erziehen?

Nein, das müssen wir nicht. Aber wie der Zufall es will, sind viele Jungen im Grundschulalter bereits große Fans von Technik, Bewegung und wilden Abenteuern. Auch wenn es vielleicht nicht dem eigenen Geschmack entspricht: Diese Vorlieben kann man beim Lernen nutzen, egal ob beim Lesen, Schreiben oder Rechnen. Studien haben gezeigt, dass Kinder leichter lernen, wenn ihnen die Themen am Herzen liegen. Deswegen sind die Texte zur geschlechtssensiblen Leseförderung alltagsnah und behandeln die typischen Lieblingsthemen von Grundschülern.

Sollten Jungs und Mädchen nicht gleich behandelt werden?

In ganz vielen Bereichen des Lebens sollen Mädchen und Jungs natürlich gleich behandelt werden: Wir müssen alle gleich achten und respektieren und alle gleich liebevoll fördern. Die Mittel und Wege zu diesem Ziel müssen aber nicht unbedingt gleich sein. Typischerweise lieben Mädchen kreative Tätigkeiten und Jungs lieben Bewegung. Diese Vorlieben wollen wir in der geschlechtssensiblen Leseförderung nutzen und so das Ziel – Lesekompetenz und Lesemotivation steigern – für beide Geschlechter erreichen, eben nur auf unterschiedlichen Wegen.

Ist geschlechtssensible Förderung im Jahr 2010 nicht etwas überholt?

Geschlechtssensible Förderung ist kein Relikt aus den 50er-Jahren, als Frauen am Herd standen und Männer die Welt lenkten. Es gibt viele neuere Untersuchungen aus der Pädagogik, die zeigen, dass geschlechtssensible Förderung den Grundschülern beim Lernen helfen kann. Wenn Sie Interesse an weiterführender Literatur haben, informiert Sie die Lehrkraft gerne über die entsprechenden Titel.

Und was können wir zu Hause tun?

Lesen Sie dazu bitte das Merkblatt „Leseförderung: Was können wir zu Hause tun?" das Ihnen die Lehrkraft mit nach Hause gibt.

Leseförderung: Was können wir zu Hause tun?

Leseförderung findet nicht nur in der Schule statt, sondern auch zu Hause. Sie können eine ganze Menge tun, damit Ihr Kind gut lesen lernt und viel Freude am Lesen entwickelt. Manchmal sind es kleine Veränderungen im Alltag, manchmal sind die Maßnahmen schon ein wenig aufwendiger. Entscheiden Sie selbst, was zu Ihnen und Ihrem Kind passt.

- Lesen Sie Ihrem Kind weiter vor, auch wenn es schon selber lesen kann. Genießen Sie dabei die Nähe zu Ihrem Kind! Wenn es schon recht flüssig liest, können Sie sich abwechseln: eine Seite ich – eine Seite du.
Unterhalten Sie sich über das Gelesene: Nacherzählen, Weitererzählen, mit eigenen Erlebnissen vergleichen, es gibt unzählige Gesprächsmöglichkeiten!

- Planen Sie an den Nachmittagen freie Zeit fürs Lesen ein. Denn wenn ein Kind vom Sportverein bis zum Musikunterricht immerzu eingespannt ist, ist für gemütliches Lesen einfach keine Zeit mehr.

- Richten Sie im Wohnzimmer oder im Zimmer Ihres Kindes eine Leseecke ein. Schaffen Sie Platz im Regal für eigenes und geliehenes Lesefutter.

- Besuchen Sie die Bücherei. Lassen Sie Ihr Kind dort in Ruhe schmökern und Lesefutter finden, das seinen Neigungen entspricht.

- Tun Sie das alles mit Ihrem Kind gemeinsam, aber lassen Sie immer Ihr Kind den Lesestoff aussuchen (solange er altersgerecht ist). So können Sie sicher sein, dass Ihr Grundschüler Texte liest, die ihn oder sie wirklich packen – und dann wird er sicher gerne weiterlesen.

- Ermutigen Sie Ihren Sohn besonders, Geschichten kontinuierlich durchzulesen, zum Beispiel Abenteuergeschichten oder Romane über Fußballspieler – ganz nach persönlicher Vorliebe.

- Suchen Sie mit Ihrem Sohn im Internet oder einem Buch neue Spielideen heraus. Lassen sie ihn die Anleitung lesen und selber herausfinden, wie die Spielregeln sind. Spielen Sie mit ihm!

- Und zuletzt: Lesen Sie selbst, denn Kinder lernen vor allem durch Nachahmen. Wenn Ihr Kind sieht, dass Bücher zu Ihrem Leben gehören, wird es leichter selber zum Leser.

Entwicklung und Lernen bei Mädchen und Jungen

Dieses Kapitel beschäftigt sich mit der Persönlichkeitsentwicklung von Kindern im Grundschulalter, besonders in Bezug auf Geschlecht und Identität auf der einen und Lese- und Rechtschreibfähigkeiten auf der anderen Seite. Hierbei wird beschrieben, welche Unterschiede es zwischen Jungen und Mädchen gibt, sowohl bei der allgemeinen Entwicklung als auch beim Erlernen der Schriftsprache. Gründe für diese Unterschiede, die in der Forschung untersucht werden, werden ebenfalls diskutiert. Thema sind außerdem die Konsequenzen, die sich aus den theoretischen und empirischen Studien für die Unterrichtspraxis ergeben und die in den Ansatz dieses Buches bereits eingegangen sind (s. „Der Ansatz in diesem Buch", Seite 7).

Geschlechts- und Identitätsentwicklung

Die Entwicklung der Geschlechtsrollenidentifikation geschieht im Kleinkind- bis Vorschulalter. Im Grundschulalter erfolgen noch letzte Verfeinerungen der eigenen Geschlechtsrolle. Diese entwickelt sich in vier Schritten.
Im ersten Schritt erkennt das Kind anhand seiner Umgebung, dass es zwei Geschlechter mit spezifischen Aufgaben gibt. Es unterscheidet Väter und Mütter, Arbeitende und Betreuende, Starke und Schwache usw. Diese Unterscheidung ist kulturell und gesellschaftlich bedingt und für die westlichen Industrienationen mit großer Sicherheit noch immer zutreffend.
Im zweiten Schritt ordnet sich das Kind einem dieser beiden Geschlechter zu. Dabei hilft ihm die Sprache: Es hört sich und andere mit „er" und „sie", mit „Junge" und „Mädchen" u. ä. benannt.
Als Drittes wählt das Kind aus seiner Umwelt Verhaltensmuster aus, die zu seinem Geschlecht passen. Das hängt zum einen von den Verhaltensmustern ab, die ihm in der Umwelt (der Familie, dem Kindergarten) angeboten werden. Zum anderen berücksichtigt es dabei auch seine eigenen Erfahrungen und Bedürfnisse. Geschlechtsrollen werden daher nicht nur typisch männlich und typisch weiblich ausgeprägt, sondern auch individuell.

Im Alter von fünf bis sechs Jahren erkennt das Kind schließlich die Geschlechtskonstanz. Es lernt, dass das Geschlecht nicht änderbar ist, weder durch Verhalten, Kleidung noch sonst irgendetwas. Bis dahin kann sich ein Kind noch durchaus mal als Mädchen, mal als Junge definieren, oder auch als Junge beschließen, ein Kind zu kriegen, wenn die Mutter eins kriegt. Die Erkenntnis der Geschlechtskonstanz ist damit eine bedeutende Umwälzung im Selbstbild. Die volle Geschlechtskonstanz reift vermutlich erst in der Grundschulzeit aus. Hiermit hängt wohl auch zusammen, dass in der Grundschulzeit die Hinwendung von Mädchen und Jungen zu geschlechtstypischen Verhaltensweisen und Lieblingsthemen so besonders stark ist. Hat ein Junge erst einmal erkannt, dass er nun für immer ein Junge ist, beschäftigt er sich oft besonders stark mit typischen Jungsdingen wie Technik, Sport oder Monstern. Entsprechend ist es auch bei Mädchen. Sie erproben also ihr Geschlechtsselbstbild in der Praxis und grenzen sich vom anderen Geschlecht ab.

Entwicklungsunterschiede zwischen Mädchen und Jungen

Neben der Entwicklung einer persönlichen Geschlechtsrolle zeigen sich bei Jungen und Mädchen schon sehr früh Verhaltensunterschiede. Biologische Bedingungen, zum Beispiel genetische oder hormonelle Faktoren, konnte man dafür nicht überzeugend festmachen. Der einzige biologische Faktor, der empirisch sicher belegt ist, ist das höhere Reifungstempo von Mädchen, welches sich schon bei der Geburt zeigt und sich im Kleinkindalter, zum Beispiel beim Trockenwerden, fortsetzt. Bei Schulbeginn sind Mädchen den Jungen im Allgemeinen hinsichtlich feinmotorischer Fähigkeiten und sprachlicher Leistungen überlegen. Ihre Pubertät beginnt meist zwei bis drei Jahre früher. Die höhere körperliche Reife von Mädchen geht, das ist empirisch bestätigt, mit größerer körperlicher Kontrolle einher. Hierbei spielen vermutlich auch soziale Faktoren eine Rolle. Mädchen werden im Allgemeinen eher dazu erzogen, ruhiger und braver zu sein.[7] Großangelegte Studien können aber nicht bestätigen, dass Eltern Jungen und Mädchen stark unterschiedlich behandeln. Zwar reagieren die Erwachsenen unterschiedlich auf das Verhalten von Jungen und Mädchen, allerdings reicht dies als Erklärung für die unterschiedliche Entwicklung nicht aus.

Das unterschiedliche Reifungstempo von Mädchen und Jungen zieht für den schulischen Alltag zwei wichtige Konsequenzen nach sich. Zum einen muss bei der Beurteilung der Kinder daran gedacht werden, dass nicht strikt nach den altersentsprechenden curricularen Vorgaben vorgegangen werden darf. Auch wenn es sinnvoll ist, Lernziele für eine Klassenstufe festzulegen, muss bedacht werden, dass es im Rahmen einer normalen Entwicklung liegt, dass einzelne Schülerinnen oder Schüler diese Ziele früher oder später erreichen. Einige pädagogische Richtungen gehen davon aus, dass man beim Erreichen von Lern- und Entwicklungszielen eine Zone von plus/minus zwei Jahren berücksichtigen sollte. Das ergibt ein Zeitfenster von vier Jahren, in denen es völlig normal ist, dass ein Kind ein bestimmtes Ziel erreicht. Zum anderen muss bei der Lernumgebung daran gedacht werden, dass Mädchen im Grundschulalter eine stärkere körperliche Kontrolle besitzen. Ihnen fällt es meist leichter, sich an die Lernumgebung in der Schule anzupassen. Es ist für sie häufig einfacher, still zu sitzen und zuzuhören. Jungen müssen dagegen eher eine andere Lernumgebung gemäß ihrer typischen körperlichen Entwicklung bekommen, also die Möglichkeit beim Lernen zu stehen und zu gehen sowie Lerninhalte aktiv handelnd zu begreifen.

Von der weiter gediehenen Reifung in Bezug auf feinmotorische Fähigkeiten und sprachliche Leistungen abgesehen, unterscheiden sich die kognitiven Fähigkeiten von Jungen und Mädchen zu Schulbeginn nicht. Sie weisen zum Beispiel ein gleiches Maß an Verständnis für Zahlen und Mengen auf. Einfache schriftsprachliche Aufgaben wie das Erkennen einzelner Buchstaben beherrschen beide Geschlechter gleich. Jungen tun sich allerdings von Beginn der Schulzeit an schwerer, komplexe Aufgaben zu lösen, wie etwa Wörter miteinander zu vergleichen oder eigene Wörter zu schreiben.[8]

Allgemeine Entwicklungsaufgaben in der Schule

In der Schule werden Mädchen und Jungen grundsätzlich gleich behandelt, nämlich als eine(r) von vielen Schülerinnen und Schülern im Kontakt mit einer oder zwei erwachsenen Lehrpersonen. Sie haben einen sitzenden Arbeitsplatz. Die Aufgaben werden meist von außen gestellt und müssen innerhalb einer bestimmten Zeit und in einer bestimmten Reihenfolge bearbeitet werden. In diesem Bereich ist allerdings mit der Durchsetzung von offenen Unterrichtsformen wie Stationenlernen oder Werkstattunterricht schon viel Individuelles eingekehrt.

Jungen und Mädchen müssen in der Grundschule zwei wichtige Entwicklungsaufgaben bestehen. Zum einen das Erlernen von Fleiß, Tüchtigkeit und Leistungsstreben, zum anderen das Erlernen der sogenannten Kulturtechniken Lesen, Schreiben und Rechnen.

Bei der oben erwähnten ersten Entwicklungsaufgabe im Grundschulalter sind die Mädchen im Vorteil. Sie definieren sich selbst meist als Individuen, daher entsteht ihr Selbstwertgefühl in der Schule meist über gute Leistungen. Jungen dagegen identifizieren sich stark mit einer

---

[7] Siehe dazu Rolf Oerter & Leo Montada, Hgg. (1998), Entwicklungspsychologie, 4. Auflage, Weinheim, S. 268 und Vera F. Birkenbihl (2005), Jungen und Mädchen: wie sie lernen, München, S. 18–20, 93–94.

[8] Sigrun Richter, Peter May & Hans Brügelmann (1994), „Ein anderer Unterricht – nur für Jungen?", Mädchen lernen anders lernen Jungen. Geschlechtsspezifische Unterschiede beim Schriftspracherwerb, hrsg. v. Sigrun Richter und Hans Brügelmann, Bottighofen am Bodensee, S. 157–163.

Gruppe und beziehen ihren Selbstwert aus der Zugehörigkeit zu dieser Gruppe. Ist in der Klasse nun die Gruppe der Schlechtleser tonangebend und sieht sich ein Junge als zugehörig zu dieser Gruppe, wird er nur schwer zum Lesen zu motivieren sein. Würde er alleine ein guter Leser, fiele die Zugehörigkeit zur Gruppe als Quelle seines Selbstwerts weg.

Lehrkräfte können solche Gruppendynamiken in der Klasse nutzen und die gesamte Gruppe fördern. Hier ist die geschlechtssensible Leseförderung speziell für Jungen ein guter Ansatz.

Des Weiteren stehen für Grundschüler soziale Entwicklungsaufgaben wie Kooperation im Team an. Paar- und Gruppenarbeit ist für das Lernen im Allgemeinen sehr förderlich, da Kinder leichter von anderen Kindern als in der normalen schulischen Lernsituation von Erwachsenen lernen.[9]

Unterschiede in der Lese- und Schreibfähigkeit

Etwa ab dem Ende der zweiten Grundschulklasse gibt es einen bedeutenden Unterschied in den Lese- und Schreibfähigkeiten von Mädchen und Jungen. Dies zeigt sich in verschiedenen Teilkompetenzen (Lesen, freies Schreiben, Rechtschreiben u. a.) und über die gesamte Schulzeit hinweg. Besonders ausgeprägt sind die Unterschiede jedoch in der Grundschulzeit. Jungen lesen dabei nicht insgesamt schlechter als Mädchen, sondern sie sind besonders häufig in der untersten Leistungsgruppe vertreten. Allerdings kann das Bild differenziert werden, wenn man das Schreib- und Lesematerial berücksichtigt. Jungen sind demnach wesentlich besser beim Lesen von Sachtexten sowie beim Schreiben von Lieblingswörtern.

Empirisch nicht sicher beantwortet ist die Frage, ob Mädchen generell bessere Schulleistungen zeigen als Jungen, oder ob die Überlegenheit spezifisch für den Bereich Lesen und Schreiben ist. Viele Studien deuten allerdings darauf hin, dass Letzteres der Fall ist.[10]

Die Pädagogik und andere verwandte Fachrichtungen haben verschiedene Erklärungsansätze für die Überlegenheit der Mädchen im Lesen und Schreiben gefunden.[11] Eher umstritten sind Ansätze der Entwicklungs- und Neuropsychologie, dass geschlechtstypische Entwicklungsschritte oder neurologische Besonderheiten für die Schwierigkeiten der Jungen verantwortlich sind. Ebenso wenig überzeugen konnten sozialisationstheoretische Ansätze, die die unterschiedlichen Kompetenzen allein mit der Vermittlung unterschiedlicher Rollenbilder durch die Umwelt erklären.

Recht interessant ist die Erklärung der Unterschiede mit Hilfe eines psycholinguistischen Ansatzes. Dieser besagt, dass bestimmte Wörter das Lesen- und Schreibenlernen enorm erleichtern, nämlich Wörter, die für die Lerner alltäglich, interessant und emotional bedeutsam sind. Diese werden lieber und damit öfter gelesen und geschrieben und bekommen dabei vom Lerner mehr Aufmerksamkeit. Sie werden leichter verstanden und können daher auch leichter in Morpheme (Bedeutungseinheiten) und Grapheme (Schrifteinheiten) zerlegt werden. Durch all das werden sie im Gehirn stärker vernetzt.

Es wird vermutet, ist aber empirisch nicht sicher belegt, dass Schulbücher und Lernmaterialien mehr typische Mädchenwörter enthalten, vielleicht weil Autoren wie Lehrkräfte meist weiblich sind. Es ist also, wenn die Annahme zutrifft, weniger wahrscheinlich, dass Jungen in ihren Lernmaterialien einen Wortschatz vorfinden, der sie emotional anspricht und sie damit beim Lesenlernen unterstützt. Das benachteiligt die Jungen. Geschlechtssensible Förderung, die einen geschlechtstypischen Wortschatz berücksichtigt, kann diesen Nachteil ausgleichen (vgl. „Hinweise für die Lehrkraft", ab Seite 7).

---

[9] Siehe dazu Vera F. Birkenbihl (2005), Jungen und Mädchen: wie sie lernen, München, S. 18–20, 113.

[10] Hans Brügelmann (1994), „Wo genau liegen geschlechtsspezifische Unterschiede beim Schriftspracherwerb?", Mädchen lernen anders lernen Jungen. Geschlechtsspezifische Unterschiede beim Schriftspracherwerb, hrsg. v. Sigrun Richter und Hans Brügelmann, Bottighofen am Bodensee, S. 14–26.

[11] Hans Brügelmann (1994), „Warum haben Jungen mehr Schwierigkeiten beim Lesen- und Schreibenlernen als Mädchen?", Mädchen lernen anders lernen Jungen. Geschlechtsspezifische Unterschiede beim Schriftspracherwerb, hrsg. v. Sigrun Richter und Hans Brügelmann, Bottighofen am Bodensee, S. 27–35.

Gemeinsame Stunden für Jungen und Mädchen

Name: _____   Klasse: _____ Datum: _____

Was wollen wir lesen?

⭐ 1. Arbeitet zu zweit oder in einer kleinen Gruppe.
Der/die Erste sagt etwas, das er/sie gerne lesen möchte. Dann schreibt er/sie seinen Wunsch in Stichpunkten in den Kasten oder auf ein leeres Blatt Papier. Nun ist der Nächste an der Reihe. Arbeitet so weiter, bis euch nichts mehr einfällt.

> **Tipp 1:** Lacht oder schimpft nicht über die Vorschläge von anderen!
>
> **Tipp 2:** Ihr könnt Namen von **Büchern** aufschreiben. Denkt auch an **Themen,** die euch interessieren, und an **Textsorten** (Geschichte, Sachtext, Brief, Comic, Werbung, SMS …), die ihr gerne mögt.

Was wir lesen wollen:

⭐ 2. Lest eure Stichpunkte noch einmal durch. Gibt es mehrere ähnliche Ideen? Dann malt sie in der gleichen Farbe an.

Name: _____ Klasse: _____ Datum: _____

Leichter und schneller lesen

★ 1. Lies den linken Text leise durch.
   Lies dann den rechten Text leise. Lege dabei ein Lineal oder einen Stift unter die Reihe, die du gerade liest. Welchen Text kannst du leichter lesen?

Auf dem Bauernhof	**Das Sportfest**
Tom wohnt auf einem Bauernhof. Heute steht er schon sehr früh auf. Die ganze Familie fährt mit dem Kartoffelroder auf das Feld hinaus. Papa lenkt den Kartoffelroder. Die anderen stehen hinten und nehmen Steine und schlechte Kartoffeln vom Förderband, über das die leckeren Kartoffeln kullern. Nach einer Weile ist Tom müde. Er fährt noch ein bisschen vorne bei Papa mit, dann geht er nach Hause und spielt. Ferien sind eben doch lustiger als Arbeit!	Heute ist das große Sportfest. Lena ist toll im Weitspringen und Elli ist eine schnelle Läuferin. Beide wollen unbedingt gewinnen! Doch Lena stolpert vor dem Absprung und Elli knickt kurz nach dem Start um. Beide verlieren. Was für ein Pech! Da fängt es an zu regnen und zu donnern. Ein Gewitter! „Wir verschieben das Sportfest auf morgen", erklärt die Sportlehrerin. Am nächsten Tag starten Lena und Elli erneut – und gewinnen!

★★ 2. Suche dir einen Partner. Ihr braucht eine Stoppuhr.
   Dein Partner startet die Stoppuhr und sagt: „Los!" Lies dann den Text unten leise und **so schnell du kannst.** Sage „Stopp!", wenn du fertig bist.
   Notiere hier deine Zeit: _____ Sekunden. Teile die Anzahl der Wörter (hier: 100) durch deine Zeit in Sekunden. Nimm mal 60.
   Dann weißt du, wie viele Wörter du in einer Minute lesen kannst.
   Das ist deine Lesegeschwindigkeit
   100 : _____ Sekunden x 60 = _____ gelesene Wörter pro Minute

Jakob und Maria gehen in den Wald. Sie nehmen eine Decke, Taschenlampen, Saft, Äpfel und den Schoko-Osterhasen mit dem abgebissenen Ohr mit. Jakob und Maria haben ein Geheimnis: Gestern haben sie eine Höhle im Wald entdeckt! Sie liegt an einem Hang, als Dach dient die Krone eines umgestürzten Baums. Unter dem Blätterdach ist es schummerig. Jakob und Maria machen es sich auf ihrer Decke gemütlich. Dann trinken sie Saft und knabbern Äpfel. Doch was ist das? Etwas raschelt im Laub ... ein kleiner Igel krabbelt herbei und schnuppert neugierig am Schoko-Osterhasen. Haps! Nun hat der Osterhase gar keine Ohren mehr.

Name: _____ Klasse: _____ Datum: _____

Mein Leseziel

Am besten ist es, du liest nicht einfach drauf los. Überlege dir stattdessen vor dem Lesen, warum du eigentlich diesen Text liest. **Was ist dein Leseziel?**
Bei einer Geschichte kann dein Ziel zum Beispiel sein, die Handlung oder die Gefühle der Figuren zu verstehen. Einen Sachtext lesen wir oft, um etwas Bestimmtes zu lernen.
Und ein Leseziel steht immer schon ganz am Anfang fest: Lesespaß!

1. Lies die Überschrift der Geschichte. Entscheide dann, mit welchem Ziel du die Geschichte lesen willst. Schreibe das Ziel auf.

   Mein Leseziel: _____

   Lies die Geschichte. Schreibe dir danach wichtige Stichpunkte zu deinem Ziel auf oder markiere wichtige Wörter im Text.

   ### Jana Schweinenase und der miese Magier

   Jana lebt in der Magierschule von Magipor. Dort lernt sie Tränke zu brauen, mit Sprüchen zu zaubern und Gedanken zu lesen. Jana ist eine gute Magierschülerin. Nur im Verändern von Gegenständen ist Jana schlecht. Das liegt aber nicht an ihr, sondern an ihrem Lehrer, Magier Misto. Heute will Misto einen Tisch in ein Schwein verwandeln. Er hebt den Zauberstab, beginnt mit dem Spruch und tatsächlich, der Tisch bekommt vier dicke, rosa Schweinchenbeine. Doch da muss Misto niesen, sein Zauberstab wackelt und peng! Jana spürt, wie sie von Mistos Zauberspruch getroffen wird. Gleich darauf hat sie eine dicke rosa Schweinenase und hängende Schweineohren im Gesicht. Aus ihrer Hose kringelt sich ein rosa Schweineschwanz. Die Schüler toben vor Lachen. Als Jana sich im Spiegel sieht, lacht sie einfach mit. Danach geht sie schnell zur magischen Ärztin, die Nase und Ohren im Nu entfernt. Nur den Schwanz behält Jana noch ein paar Tage. Als Erinnerung.

2. Mache es genauso mit dem Sachtext. Lege ein Leseziel fest. Schreibe dir nach dem Lesen des Textes Stichpunkte zu deinem Ziel auf.

   Mein Leseziel: _____

   ### Die Libelle, ein Flugkünstler

   Libellen sind Insekten, die oft an Bächen und Teichen leben. Es gibt viele verschiedene Libellen-Arten. Ihre Flügel und ihr Körper schillern oft in den schönsten Regenbogenfarben. Der Spitzname der Libellen ist Teufelsnadel – kein Wunder bei dem langen, dünnen Körper! Auffällig sind die riesigen Augen der Libellen: Sie bestehen aus tausenden winzigen Einzelaugen, mit denen die Libelle ihre Beute sogar im Flug erkennen kann. Libellen sind fast perfekte Flug-Akrobaten. Sie können blitzschnell vorwärts und rückwärts fliegen, urplötzlich die Richtung ändern und sogar in der Luft stehen bleiben. Mit diesen Tricks ihrer vier beweglichen Flügel waren sie das Vorbild für unsere Hubschrauber.

Name: _____ Klasse: _____ Datum: _____

Was macht Spaß, was nicht?

⭐⭐ 1. Arbeitet zu zweit oder in einer kleinen Gruppe.
Der/die Erste sagt etwas, das ihm/ihr beim Lesen Spaß macht. Er/sie kann auch etwas nennen, was keinen Spaß macht! Dann schreibt er/sie seinen Gedanken in Stichpunkten in den Kasten oder auf ein leeres Blatt Papier.
Nun ist der Nächste an der Reihe. Arbeitet so weiter, bis euch nichts mehr einfällt.

> **Tipp 1:** Lacht oder schimpft nicht über die Vorschläge von anderen!
>
> **Tipp 2:** Denkt daran, **was** ihr gerne lest, aber auch **wo** und **wie** (allein, in Gruppen, laut, leise) und **warum** (selber aussuchen, etwas vorgeschlagen bekommen, …).

Was uns Spaß macht:	**Was uns keinen Spaß macht:**

⭐⭐ 2. Lest die Stichpunkte unter „Was uns keinen Spaß macht" noch einmal durch. Habt ihr Ideen, wie ihr das ändern könnt?

🪙 Wollt ihr euch das Lesen in der Schule besonders gemütlich gestalten?
Dann richtet eine **Leseecke** in der Klasse ein.
Sucht dafür eine möglichst ruhige Ecke im Klassenzimmer aus. Stellt Regale oder Kisten mit Büchern und Zeitschriften auf. Legt dicke Kissen auf den Boden oder besorgt einen alten Sessel oder ein Sofa vom Sperrmüll.
Wie könnt ihr eure Leseecke noch gestalten?

Name: _____ Klasse: _____ Datum: _____

Klassen-Lesetagebuch

In einem Lesetagebuch kannst du festhalten, was du gelesen hast. Schreib auch auf, wie dir die Texte gefallen haben.
Im Klassen-Lesetagebuch stehen die Lese-Erfahrungen der ganzen Klasse. Dort kannst du blättern und schmökern, wann immer du etwas Neues zu lesen suchst.

⭐ 1. Schreibe die Vorlage unten auf eine große Karteikarte ab.

⭐ 2. Wenn du ein Buch, eine Geschichte oder einen Sachtext gelesen hast, dann fülle die Tagebuchkarte aus. Sammelt alle Tagebuchkarten in einem Karteikasten. Ihr könnt sie auch nach Themen oder Textsorten sortieren.

⭐⭐ 3. Schreibe ausführlich auf die Kartenrückseite, was dir an dem Buch oder Text besonders gefallen oder nicht gefallen hat.

Klassen-Lesetagebuch

Datum: _____ Leser: _____

Autor des Buches/der Geschichte: _____

Titel des Buches/der Geschichte: _____

Mein Bild zum Buch/zur Geschichte:

```
┌─────────────────────────────────────┐
│                                     │
│                                     │
│                                     │
│                                     │
└─────────────────────────────────────┘
```

Das fand ich an der Geschichte gut:
_____

So hat mir das Buch/die Geschichte insgesamt gefallen:
☐ ☺   ☐ 😐   ☐ ☹

Name: Klasse: Datum:

Mädchen- und Jungengeschichten schreiben

⭐⭐ 1. Arbeitet zu viert. In eurer Gruppe sollten **nur** Mädchen oder **nur** Jungen sein. Schreibt gemeinsam eine Geschichte. Der Titel und die Hauptfiguren sind schon vorgegeben.

Titel: Abenteuer in luftiger Höhe
Hauptfiguren: Robin, 8 Jahre, und Elisa, 9 Jahre

Schreibt die Geschichte auf die Rückseite dieses Blattes.

Tipp: Sammelt zuerst eure Ideen und schreibt sie in Stichpunkten auf. Überlegt zum Beispiel:
- Wo spielt die Geschichte?
- Wer spielt außer Robin und Elisa noch mit?
- Welches Abenteuer erleben Robin und Elisa?
- Wie lösen sie ihr Problem oder wie bestehen sie ihr Abenteuer?
- Wie endet die Geschichte?

Ideen:

_____
_____
_____
_____
_____
_____
_____
_____
_____
_____

Name: Klasse: Datum:

Mädchen- und Jungengeschichten lesen

⭐⭐ 1. Setzt euch mit der ganzen Klasse in einen Stuhlkreis. Mischt alle Jungen- und Mädchengeschichten gut. Verteilt sie an mehrere Schüler/Schülerinnen der Klasse. Lasst euch die Geschichten vorlesen.

> **Tipp:** Hört gut zu. Schreibt kurz etwas auf, wenn euch etwas Besonderes auffällt.

Geschichte mit der Giraffe: sehr lustig!

⭐⭐ 2. Was fällt euch auf? Sind alle Geschichten gleich oder ähnlich?

⭐⭐ 3. Wie findet ihr die Geschichten? Sagt eure Meinung!

> **Tipp:** Lacht oder schimpft nicht über die Meinung von anderen. Lasst ihn/sie ausreden und denkt über seine/ihre Meinung nach.

⭐⭐ 4. Ratet mal: Welche Geschichten sind von Jungen, welche von Mädchen geschrieben? Warum glaubt ihr das?

⭐⭐ 5. Gibt es Unterschiede zwischen den Jungen- und den Mädchengeschichten? Wenn ja, welche?

Name:	Klasse:	Datum:

So ein Theater!

Theater spielen macht Spaß! Dabei kann man lesen, spielen und sich verkleiden. Am besten bereitet ihr euer Theaterstück in Gruppen von etwa vier bis sechs Kindern vor.

1. Wählt eine kurze Geschichte aus, die ihr als Theaterstück spielen wollt. Ihr könnt eine eurer Lieblingsgeschichten verwenden oder euch einen Vorschlag von eurem Lehrer/eurer Lehrerin holen.

2. Lest die Geschichte gemeinsam durch. Übertragt die Tabelle auf ein Blatt und füllt sie aus.

Welche Figuren spielen mit?	
Wer spielt welche Figur?	
Welche Kleidung brauchen wir?	
An welchen Orten spielt das Stück?	
Welche Requisiten* brauchen wir?	

* Requisiten sind Gegenstände, die ihr für das Theaterstück braucht, also zum Beispiel Tische und Stühle, wenn euer Stück in einem Klassenzimmer spielt.

Tipp: Wenn mehr Kinder in eurer Gruppe sind, als Figuren in der Geschichte, dann könnt ihr auch einen Regisseur, einen Erzähler, einen Bastler … bestimmen.

3. Nun liest jeder die Geschichte noch einmal durch und merkt sich genau, welchen Text er sprechen muss. Überlegt auch, welche Bewegungen und Handlungen ihr ausführen müsst.

4. Übt, euer Theaterstück gemeinsam zu spielen. Führt es vor der ganzen Klasse vor oder präsentiert es beim Elternabend.

Name: Klasse: Datum:

Bücherjagd in der Bücherei

⭐⭐ Begib dich auf eine Lesejagd durch die Bücherei. Dafür brauchst du dieses Blatt und einen Stift. Male dir für jede Frage, die du beantworten konntest, einen Smiley ☺ auf.
Am Ende kannst du unten nachlesen, was die Smileys bedeuten.
Wer ist der Klassensieger?

Tipp: In der Bücherei sollte man immer leise sein, um andere Leser nicht zu stören. Also auf zur Jagd im Flüsterton!

Frage	Antwort	Smileys
Wie finde ich hier ein Buch?		
Wen kann ich fragen, wenn ich Hilfe brauche?		
Wie leihe ich Bücher aus?		
Wie lange darf ich Bücher ausleihen?		
Wann hat die Bücherei geöffnet?		
Wo stehen die Kinderbücher?		
Wo stehen Sachbücher zum Thema Autos?		
Wo finde ich Sachbücher über Pferde?		
Wo gibt es Zeitschriften für Kinder?		
Kann man Kassetten, CDs oder Filme für Kinder ausleihen?		

8–10 ☺   Spitze! Du bist ein wahrer Büchereiexperte! Viel Spaß beim Stöbern.

5–7 ☺   Nicht schlecht, Leseratte! Und wo steht dein Lieblingsbuch?

0–4 ☺   Oh, oh, du findest dich aber nicht gut zurecht! Geh bald noch einmal in die Bücherei und schau dich in Ruhe um.

Name: _____   Klasse: _____   Datum: _____

Tolle Erlebnisse rund ums Lesen

⭐ 1. Macht in der Klasse/Schule einen **Bücherflohmarkt** und verkauft gebrauchte Kinderbücher. Diese bekommt ihr zum Beispiel:

- zu Hause (Bücher, die ihr selber nicht mehr mögt oder braucht),
- von Familie, Freunden, Verwandten,
- von einer Bücherei
- oder aus einer Buchhandlung.

Denkt auch daran, für euren Flohmarkt Werbeplakate und Preisschilder zu basteln. Überlegt, ob ihr außerdem Kuchen und Getränke verkaufen wollt. Von dem Geld, das ihr beim Bücherflohmarkt verdient, könnt ihr neue Bücher für die Klasse anschaffen.

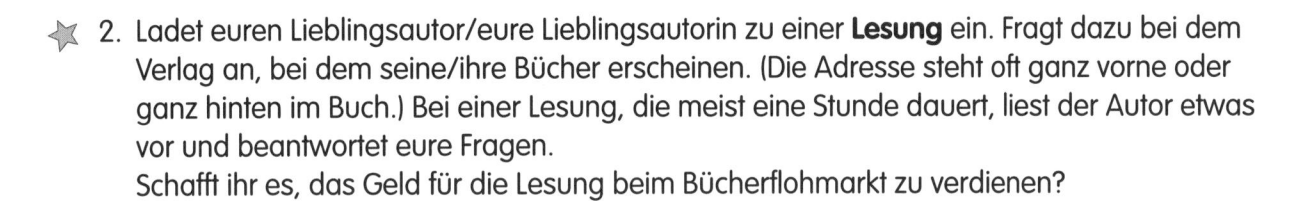

⭐ 2. Ladet euren Lieblingsautor/eure Lieblingsautorin zu einer **Lesung** ein. Fragt dazu bei dem Verlag an, bei dem seine/ihre Bücher erscheinen. (Die Adresse steht oft ganz vorne oder ganz hinten im Buch.) Bei einer Lesung, die meist eine Stunde dauert, liest der Autor etwas vor und beantwortet eure Fragen.
Schafft ihr es, das Geld für die Lesung beim Bücherflohmarkt zu verdienen?

⭐⭐ 3. Veranstaltet eine **Lesenacht** in der Schulbücherei oder der Stadtbücherei. Jedes Kind braucht:

- Schlafsack und Luftmatratze,
- Schlafzeug und Waschsachen,
- evtl. ein Kissen oder ein Kuscheltier
- und natürlich viele Bücher!

Lest den ganzen Abend, so viel ihr wollt. Lest euren Mitschülern im Flüsterton vor. Oder spielt das Spiel aus Aufgabe 4.

⭐⭐ 4. Schreibe den Namen einer Figur aus einem Kinderbuch oder Märchen auf einen Post-it-Zettel. Mischt alle Zettel. Jedes Kind zieht einen Zettel und klebt ihn an die eigene Stirn – ohne zu gucken, welcher Name darauf steht!
Geht durch die Klasse und findet durch Befragung eurer Mitschüler heraus, wer ihr seid. Sie dürfen aber nur mit **Ja oder Nein** antworten!

Rotkäppchen   *Ronja Räubertochter*

Alice im Wunderland   *Harry Potter*

Sachtexte - Lesetexte und Übungen

Name: _____ Klasse: _____ Datum: _____

Kleine Lesequizaufgaben

⭐ 1. Lies die Sachtexte. Streiche in jedem Text das wichtigste Wort mit einem Farbstift an.

> Wenn man in der Natur unterwegs ist, will man sich nicht verlaufen. Eine Karte und ein Kompass können da helfen. Aber was, wenn du keinen Kompass hast? Dann hilft eine Uhr mit Zeigern. Drehe sie während der Sommerzeit eine Stunde zurück. Dann hältst du den kleinen Zeiger in Richtung Sonne. In der Mitte zwischen dem kleinen Zeiger und der 12 ist dann Süden. Auch ohne Uhr kannst du dich orientieren. Zum Beispiel ist das Moos an Bäumen an der Südwestseite meist dichter und grüner. Das ist die Wetterseite; aus dieser Richtung kommt meist der Regen. Verlauf dich nicht!

> Viele Indianer lebten in Tipis, spitzen Zelten aus Holz und Leder. Für ein großes Tipi benötigte man etwa acht lange Holzstangen. Diese wurden im Kreis aufgestellt und oben zusammengebunden. Die Indianerfrauen nähten die Häute von zwölf Büffeln zu einem Halbkreis zusammen. Diese Zeltplane wurde über die Stangen gelegt. Viele Indianer malten das Tipi von außen mit bunten Mustern an. Drinnen saßen sie auf Decken und Fellen um das Feuer. Das Tipi war schnell abzubauen und konnte leicht woanders wieder aufgebaut werden. Praktisch!

> Graue Felltiere, die dem Hund ähnlich sehen: Das sind die Wölfe. Wölfe leben in einer Familie, Rudel genannt, und haben enge Bindungen an ihre Artgenossen. Auch auf die Jagd – auf Rehe, Wildschweine, Hasen und andere Wildtiere – gehen sie immer gemeinsam. Wölfe haben einen schlechten Ruf: Man hält sie für brutal und gefährlich. Aber das stimmt nicht! Aus Deutschland waren sie lange verschwunden. Heute aber leben wieder etwa 60 Wölfe hier, vor allem im Osten des Landes.

⭐ 2. Suche einen Text aus und denke dir eine Quizfrage dazu aus. Stelle sie deinem Nachbarn. Kann er die Frage beantworten?

Name: _____ Klasse: _____ Datum: _____

Lies genau! Texte und Bilder

⭐ 1. Lies die Texte sorgfältig durch. Ordne sie den passenden Bildern zu.

A Junge Tigerhaie tragen ein Streifenmuster auf dem Rücken, fast wie die Raubkatzen. Das Muster dient zur Tarnung: Im flachen Wasser am Ufer werfen die Wellen streifenförmige Schatten, die den Streifen auf der Haihaut zum Verwechseln ähnlich sehen.

B Haie sind Knorpelfische: Ihr Skelett besteht nicht aus Knochen, sondern wie deine Ohrmuschel aus Knorpeln. Viele Haiarten fressen Fische und andere Meerestiere, andere ernährend sich von Wasserpflanzen oder Algen. Für Schwimmer sind Haie keine Gefahr.

C Der Hammerhai hat eine stark verbreiterte Schnauze. Sein Kopf sieht T-förmig aus, fast wie ein Hammer. In diesem Hammer versteckt sich ein empfindliches Sinnesorgan, mit dem der Hammerhai nachts seine Beute aufspürt: Fische und Muscheln, die sich im Sand vergraben haben.

D Die Haut der Haie ist mit ganz besonderen Schuppen bedeckt: den Hautzähnchen. Sie sind so rau, dass der Hai damit seine Beute blutig schrammen kann. Ihre Beute jagen Haie oft in der Nähe des Meeresbodens, an Felsen und Riffen. Dabei stürzen sich manchmal mehrere Haie gemeinsam auf einen Fischschwarm.

⭐ 2. Schneide die Texte und Bilder aus und klebe sie paarweise auf ein leeres Blatt Papier.

Name: _____ Klasse: _____ Datum: _____

SMS – So Macht lesen Spaß

⭐ 1. Lies die beiden SMS. Was hat Tim geschrieben? Schreibe eine SMS.

Handy 1 (Max an Tim): Hi Tim, kommst du später zu mir rüber? Ich hab ein neues Buch über Brücken. Bis dann, Max

Handy 2: (leer)

Handy 3 (Max an Tim): Okay, dann vielleicht morgen! Ich frag jetzt mal Freddi. Wir sehen uns in der Schule! Dein Max

⭐⭐ 2. Lies die SMS von Moritz. Was hat Paul ihm geschrieben? Denke dir zwei SMS aus.

Handy 1: (leer)

Handy 2 (Moritz an Paul): Hallo Paul, echt? Das ist ja cool! Klar komme ich mit! Das wird bestimmt super! Bis morgen, dein Moritz

Handy 3: (leer)

⭐⭐ 3. Kennst du alle SMS-Abkürzungen? Lies die SMS von Michael. Schreibe sie ohne Abkürzungen auf. Schreibe ganze Sätze und achte auf die Groß- und Kleinschreibung!

Handy (Michael): Hi Tom. 8ung, hab ne Überraschung 4u. Am We geht Dad mit mir zelten. Du kannst mit! CU Michael

_____
_____
_____
_____
_____

Name: _____   Klasse: _____   Datum: _____

Lesen am Computer

✮✮ 1. Tom will am Wochenende mit seinem Freund Michael zelten gehen. Im Internet sucht er nach Infos. Lies die Internetseite und streiche alles farbig an, was für Tom interessant ist.

Start   Zeltplätze in Deutschland   Zeltaufbau: Wo und wie?   Essen und Trinken   Links

Startseite >> Zeltaufbau: Wo und wie?

Zeltaufbau: Wo und wie?

- Startseite
- Zeltplätze in Deutschland
- > Zeltaufbau: Wo und wie?
- Essen und Trinken
- Links

Der Untergrund

Nimm deine Isomatte und lege dich auf den Boden. Spürst du unter deinem Rücken Löcher im Boden, Steine oder Stöckchen? Dann wirst du sicher nicht gut schlafen. Steine und Stöckchen kannst du wegräumen. Die Löcher im Boden füllst du mit Blättern oder Moos auf. Oder du suchst einen anderen, ebeneren Zeltplatz.

Die Sonne

Im Sommer solltest du dein Zelt auf keinen Fall in die Sonne stellen, sondern unter einen Baum in den Schatten. Es wird sonst so heiß im Zelt, dass du es kaum aushältst.

Wind und Regen

Sind Regenwolken am Himmel? Dann finde heraus, wie der Wind bläst. Halte dazu eine Hand nach oben und spüre, woher der Wind weht. Du kannst auch ein Taschentuch in den Wind halten, dann „siehst" du die Windrichtung. Baue das Zelt so auf, dass der Wind nicht in den Eingang hineinbläst. Denn dann wird dir auch der Regen entgegenpeitschen, sobald du das Zelt öffnest.

✮✮ 2. Welches Thema interessiert dich besonders? Suche im Internet unter www.blinde-kuh.de oder www.helles-koepfchen.de nach Wissen zu deinem Thema. Lies die Seiten.

🪙 Gestalte eine Internetseite zu deinem Thema. Benutze mehrere DIN-A4-Blätter. Male Bilder und schreibe wichtige Infos auf. Benutze Überschriften und verschiedene Stiftfarben. Stelle deine Internetseite deinen Mitschülern vor.

Name: _____ Klasse: _____ Datum: _____

Spielzeugwerbung lesen und schreiben

⭐⭐ 1. Lies den Werbetext für den „Mountain-Man". Verstehst du alles? Streiche schwierige Wörter an. Kläre sie mit einem Nachbarn oder schlage sie im Wörterbuch nach.

> **Tipp:** Viele Wörter in der Werbung sind Englisch. Du musst sie in einem englischen Wörterbuch nachschlagen!

BUILDO Adventurers „Mountain-Man"

Aus der Reihe BUILDO Adventurers gibt es jetzt ein neues Abenteuerset: Den Mountain-Man! Aus den Bausteinen in diesem Set könnt ihr einen Bergsteiger mit Seil und Haken bauen. Der Umbau zur Pistenraupe oder zum Snowmobil geht kinderleicht. Zusammen mit den Adventurers „Ocean Hero" und „Desert Giant" erlebt der „Mountain-Man" die tollsten Abenteuer!

NUR 12,95

⭐⭐ 2. Schreibe eine Werbung für dein Lieblingsspielzeug.

⭐⭐ 3. Gestalte eine Verpackung für dein Lieblingsspielzeug. Male sie auf die Rückseite dieses Blattes.

🪙 Sammle zu Hause Spielzeugverpackungen und Werbezeitungen. Schneide die Beschreibungen von verschiedenen Spielzeugen aus und klebe sie auf ein Blatt Papier. Wie gefallen dir die Texte? Kannst du sie leicht lesen?

Name: Klasse: Datum:

Mein Comic (1)

Betrachte die Comic-Bilder. Was passiert in dieser Geschichte? Schreibe in die Denk- und Sprechblasen, was die Figuren denken oder sagen.

Name: _____ Klasse: _____ Datum: _____

Mein Comic (2)

⭐⭐ Schneide die einzelnen Comic-Bilder aus. Klebe sie zu einer neuen Geschichte zusammen und schreibe passende Texte in die Denk- und Sprechblasen. Du kannst manche Bilder auch kopieren und doppelt verwenden.

38

Paul interviewt einen Fußballer

✸✸ Paul aus der 3c durfte ein Interview mit dem Fußballer Felix Schnell vom 1. FC Ballheim führen. Er hat sich alle Antworten von Felix genau aufgeschrieben – aber leider hat er seine Fragen vergessen. Hilf Paul! Lies die Antworten von Felix Schnell. Schreibe passende Fragen in Pauls Sprechblasen.

Felix: Ich habe schon als kleiner Junge im Verein Fußball gespielt. Von der F-Jugend bis zur A-Jugend habe ich alles mitgemacht.

Felix: Eines Tages kam der Trainer vom FC Ballheim vorbei und hat uns beim Training zugeguckt. Danach hat er mich eingeladen, dort in der Junior-Mannschaft zu spielen. Heute bin ich bei den Ballheim-Profis. Es ist wie ein Traum!

Felix: Wir trainieren jeden Tag zwei Stunden vormittags und zwei Stunden nachmittags. Das Training findet nicht immer auf dem Platz statt, sondern auch im Fitnessstudio oder in der Sporthalle. Zusätzlich gibt es noch Massagen und taktische Besprechungen. Und natürlich Freundschaftsspiele gegen andere Vereine. Dann spielt man einfach nur zum Spaß.

Felix: Du brauchst Spaß am Spiel und jede Menge Training. Und auch ein kleines bisschen Glück!

Name: _____ Klasse: _____ Datum: _____

Der weiß-grüne Rasen

⭐⭐ 1. Lies den Text über das Fußballfeld. Streiche alle Wörter, die die weißen Markierungen auf dem Rasen benennen, mit einem Farbstift an.

> Ein Fußballfeld besteht aus saftigem grünen Rasen – oder oft auch aus Kunstrasen. Das ist eine Art grüner Teppich, den man kaum von echtem Gras unterscheiden kann. Die beiden langen Seitenlinien sind 100 bis 110 Meter lang, die beiden kürzeren Torlinien nur 64 bis 75 Meter.
>
> Genau in der Mitte des Feldes verläuft die Mittellinie. Hier wird zu Beginn der Halbzeiten und nach jedem Tor der Anstoß ausgeführt. Dabei müssen alle Spieler – bis auf zwei, die den Ball vom Anstoßpunkt abspielen – außerhalb des Mittelkreises stehen.
>
> Beide Mannschaften versuchen, den Ball in das gegnerische Tor zu schießen. Dieses ist vom kleineren Torraum und vom größeren Strafraum umgeben. Hier kann es zum Elfmeter kommen, wenn ein Spieler ein Foul oder ein Handspiel begeht. Dann wird der Ball auf den Elfmeterpunkt gelegt und ein Spieler darf aus dieser Entfernung auf das Tor schießen. Der Torwart der gegnerischen Mannschaft versucht, den Ball zu fangen oder abzufälschen. Eine echte Herausforderung für jeden guten Torwart!

⭐⭐ 2. Schreibe die richtigen Bezeichnungen an die Linien im Bild.

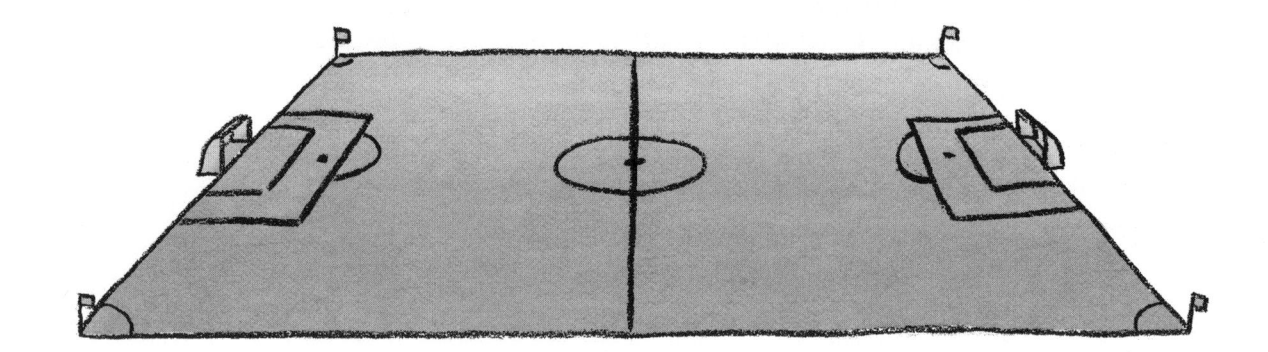

Name: _____ Klasse: _____ Datum: _____

Bärenstarkes Wasser

⭐⭐ 1. Mit diesem tollen Experiment kannst du zeigen, dass Wasser manchmal bärenstark sein kann: Es trägt nämlich sogar Reißzwecken aus Metall!
Suche dir einen Partner. Lest die Anleitung genau durch. Führt dann das Experiment durch.

Das braucht ihr:
- einen Suppenteller mit Wasser,
- eine Reißzwecke,
- Spülmittel.

Und so geht es:
- Nehmt die Reißzwecke an der Spitze (Vorsicht, piekst euch nicht!) und legt sie sanft auf die Wasseroberfläche. Was passiert?

_____

- Gebt nun einen Tropfen Spülmittel ins Wasser. Was geschieht nun?

_____

Was passiert hier?

Die winzigen Wasserteilchen ziehen sich gegenseitig an. An der Wasseroberfläche ist ja oben kein Wasser, also ziehen die Teilchen sich nur in Richtung Wasser an. Dadurch bildet sich eine Art hauchdünne Haut an der Wasseroberfläche. Diese kann leichte Dinge tragen, zum Beispiel eure Reißzwecke und in der Natur die Wasserläufer. Das Spülmittel aber macht die „Wasserhaut" kaputt.

⭐⭐ 2. Aus diesem Experiment wird ein toller Zaubertrick. Übe den Zaubertrick in der Schule und führe ihn dann zu Hause deinen Eltern vor.

- Gib einen dicken Tropfen Spülmittel auf einen Finger und versteck diesen vor den Zuschauern.
- Lege die Reißzwecke auf das Wasser.
- Sprich den Zauberspruch: „Abrakadabra, Simsalabim! Gleich liegt die Zwecke im Wasser drin!" Fahre dabei mit der Hand über das Wasser und berühre unauffällig mit dem Spülmittelfinger die Wasseroberfläche.
- Tadaa! Du hast gezaubert! Die Reißzwecke sinkt.

Name: Klasse: Datum:

Vorlesen und zuhören

⭐⭐ 1. Bildet eine Gruppe von drei Schülern. Schneidet die Texte unten aus. Jeder bekommt einen Text und liest ihn leise durch.

> **Tipp:** Der jüngste Schüler liest den ersten Text, der zweitjüngste den zweiten und der älteste den dritten Text.

⭐⭐ 2. Lest nun der Reihe nach eure Texte in der Gruppe laut und langsam vor. Die anderen hören zu.

⭐⭐ 3. Legt alle drei Texte verkehrt herum auf den Tisch. Sammelt für jeden Text einige Stichpunkte über den Inhalt. Schreibt die Stichworte auf die Rückseite des Zettels. Schaut nach: Habt ihr etwas vergessen?

⭐⭐⭐ 4. Verteilt die Texte neu. Erzählt euch die Texte noch einmal – nur mithilfe der Stichpunkte auf der Rückseite! Habt ihr es geschafft? Malt zur Belohnung die Bilder bei den Texten aus.

---

1. Vor vielen Millionen Jahren beherrschten die Dinosaurier die Erde. Es gab viele verschiedene Arten: Vierbeinige Pflanzenfresser mit langen Hälsen oder starken Panzern und Hörnern, zweibeinige Fleischfresser mit gefährlichen Zähnen und sogar fliegende Saurier. Heute sind alle Dinos ausgestorben.

---

2. Fast überall in Amerika findet man Klapperschlangen. Von diesen Giftschlangen gibt es viele verschiedene Arten. Sie werden unterschiedlich lang und haben verschiedene Farben. Doch ein Biss mit ihren beiden Giftzähnen ist immer gefährlich! Zur Warnung klappert die Schlange mit einer Art Rassel an ihrer Schwanzspitze.

---

3. Steinadler sind riesige Greifvögel. Sie werden die Könige der Lüfte genannt. Kein Wunder, denn ihre Flügelspannweite kann mehr als zwei Meter betragen! Ihre Beute – Vögel, Fische und kleine Säugetiere – jagen sie im Sturzflug. Mit ihren scharfen Krallen ergreifen und töten sie sie.

Name: Klasse: Datum:

Das Steh-auf-Spiel

⭐⭐ 1. Bildet Gruppen von drei bis vier Schülern. Bereitet die Spielkarten vor.
- Schneidet die Spielkarten unten aus.
- Schreibt auf jede Karte eine Anweisung, sich zu bewegen.

> **Tipp:** Diese Anweisungen könnt ihr zum Beispiel aufschreiben: „Stell dich auf deinen Stuhl!" – „Renne einmal um den Tisch!" – „Kratz dich an der Nase!" – „Hebe den rechten Arm!" Denkt euch noch viele weitere Anweisungen aus!

- Legt die Karten mit der weißen Seite nach oben auf den Tisch und mischt gut.

⭐⭐ 2. Spielt nun. Viel Spaß dabei!
- Der erste Spieler zieht eine Karte vom Stapel.
- Er liest die Anweisung darauf **leise** durch.
- Dann führt er sie aus!
- Die anderen Mitspieler raten, welche Anweisung auf der Karte stand. Wer sie zuerst richtig nennt, bekommt einen Punkt.

> **Tipp:** Ihr müsst die Anweisung nicht wortwörtlich richtig sagen. Aber der Inhalt und die Befehlsform des Verbs (Tuworts) müssen stimmen!

- Nun ist der nächste Spieler an der Reihe.
- Die verbrauchten Spielkarten werden auf einem extra Stapel abgelegt.
- Der Spieler, der nach fünf Minuten die meisten Punkte hat, ist Sieger.

Ihr könnt auch mal so spielen und euch richtig austoben:
- Der erste Spieler zieht eine Karte vom Stapel.
- Er liest die Anweisung darauf laut vor, dann führen alle Spieler sie aus.
- Nun ist der nächste Spieler an der Reihe, eine Karte zu ziehen.

Name: _____ Klasse: _____ Datum: _____

Das ist meine Sportart (1)

Bereite eine Präsentation über deine liebste Sportart vor. Deine Mitschüler werden sicher brennend interessiert sein! Wenn du selber keine Sportart betreibst, ist das nicht schlimm. Wähle eine Sportart, die dich sehr interessiert.

⭐⭐⭐ 1. Welche Sportart möchtest du vorstellen? Schreibe auf. Notiere auch, was du bereits über deinen Sport weißt.

Meine Sportart: _____

Seit wann betreibe ich diesen Sport: _____

Wo betreibe ich ihn: _____

Was mir daran Spaß macht: _____

_____

⭐⭐⭐ 2. Informiere dich über deinen Sport und schreibe dir wichtige Stichpunkte auf.

> **Tipps:**
> - Hier kannst du dich informieren: in der Bücherei, im Internet, bei deinem Trainer/Lehrer, in einem Verein, bei Freunden, die den gleichen Sport treiben. Und natürlich weißt du auch viele interessante Dinge selbst!
> - Spannende Infos sind zum Beispiel: Was muss man können? Welche Ausrüstung oder spezielle Kleidung braucht man? Gibt es Wettbewerbe? Treibt man diesen Sport allein oder in der Gruppe? Ist man dabei zu Hause oder im Verein?

_____

_____

_____

_____

_____

_____

Name: Klasse: Datum:

Das ist meine Sportart (2)

✭✭✭ 3. Wähle die Informationen aus, die du deinen Mitschülern erzählen möchtest. Markiere sie dazu in deinen Stichpunkten auf der vorigen Seite mit einem Farbstift.
Bringe deine Informationen in eine sinnvolle Reihenfolge.

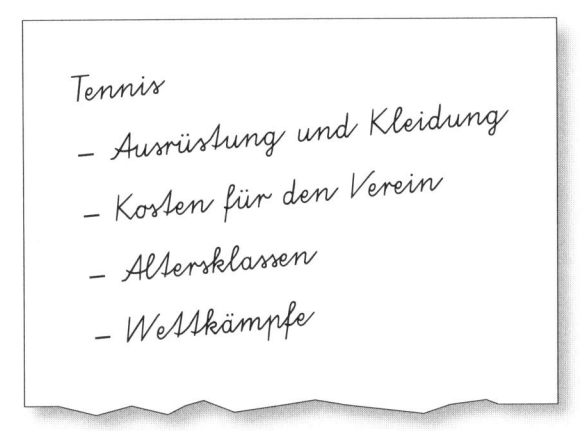

> Tennis
> – Ausrüstung und Kleidung
> – Kosten für den Verein
> – Altersklassen
> – Wettkämpfe

✭✭✭ 4. Suche im Internet oder in Büchern ein passendes Bild zu deinem Sport. Klebe es auf ein großes Blatt Papier. Schreibe deine Stichpunkte dazu. Bemale das Plakat. Bringe einen wichtigen Gegenstand (Tennisschläger, Judogürtel, Basketball) mit in die Schule.

✭✭✭ 5. Präsentiere dein Plakat der Klasse. Berichte dabei ausführlich von den Stichpunkten auf dem Plakat. Erzähle auch

- von deinen Erfahrungen mit der Sportart,
- lustige Erlebnisse, die du dabei hattest,
- deine Meinung zu dem Sport,
- Tipps für Jungen, die den gleichen Sport betreiben wollen.

Tipp: Besonders interessant wird die Präsentation, wenn du deinen Sport vormachen kannst: Zeige das Dribbeln beim Basketball oder den Aufschlag beim Badminton. Können deine Mitschüler vielleicht mitmachen?

Wenn alle Schüler ihre Sportarten vorgestellt haben, dann stimmt ab: Welche neue Sportart würdet ihr gerne lernen?

Name: _____ Klasse: _____ Datum: _____

Lies genau! Lücken ergänzen

★★★ 1. Lies die Sätze sorgfältig durch. Denke dir für jede Lücke ein passendes Wort aus. Schreibe es hinein.

Tipp: Manchmal passen mehrere Wörter. Wähle dann das Beste aus.

Brücken und Tunnel

Eine Brücke ist ein längliches Bauwerk, das ein Hindernis überspannt. Das Hindernis kann natürlich sein, zum Beispiel eine tiefe Schlucht oder ein breiter _____. Es kann auch künstlich sein, nämlich eine Autobahn oder eine Eisenbahnlinie. Meist verlaufen auf den Brücken _____ oder Schienen, sodass Autos oder Züge die Brücke überqueren können. Bei Bogenbrücken tragen ein oder mehrere _____ aus Beton oder Stein die Fahrbahn. Bei Schrägseilbrücken hängt die Fahrbahn an schräg gespannten _____. Eine der längsten Brücken in Europa ist die Storebaelt-Brücke in Dänemark. Sie ist fast 3000 Meter _____.

Auch _____ dienen dazu, ein Hindernis zu bewältigen. Nur fährt man damit nicht _____ das Hindernis drüber, sondern mitten hindurch: Durch einen Berg oder unter einem Fluss hindurch. Beim Bau eines Tunnels kommen riesige Bohrmaschinen zum Einsatz. Sie _____ sich in das Gestein hinein und schneiden es klein. Danach muss der _____ noch mit Beton gestützt werden. Der längste Tunnel der Welt verläuft in Japan und ist 54 _____ lang. Beeindruckend ist auch der Kanaltunnel: Er verläuft fast 50 Kilometer zwischen Frankreich und England, immer unter dem _____.

🪙 Bastele doch mal eine Brücke aus Papier! Falte dazu ein DIN-A4-Blatt Papier wie eine Ziehharmonika in Längsrichtung. Stelle zwei Stühle mit den Lehnen etwa 20 cm auseinander und lege deine Brücke darauf. Lege Stifte, Hefte oder andere Gegenstände auf die Brücke. Wie viel Gewicht kann sie tragen?

Name: Klasse: Datum:

Lesen und Ballspielen

✦✦✦ 1. Bildet kleine Gruppen von drei bis fünf Schülern. Lest die Anleitungen für die Ballspiele.

✦✦✦ 2. Geht in die Turnhalle oder auf den Schulhof. Jede Gruppe bereitet dort ein Spiel vor. Bestimmt einen Spielleiter, der die Punkte der anderen Spieler aufschreibt!
Dann spielen alle Schüler alle Spiele. Wer ist Sieger?

Feuerball

- Stellt euch zu zweit so weit voneinander entfernt auf, dass ihr euch einen Ball locker zuwerfen könnt. Werft den Ball nun so scharf und schnell, dass der Gegner ihn nicht fangen kann.
- Fängt er ihn doch, bekommt er einen Punkt. Wer zuerst fünf Punkte hat, ist Sieger.

Jäger, Hase und ein Helfer

- Alle Spieler stellen sich als Jäger im Kreis auf. Hase und Helfer stehen in der Mitte.
- Die Jäger versuchen, den Hasen abzuwerfen, doch der Helfer beschützt ihn und wehrt die Bälle ab.
- Wird der Hase abgeworfen, kommen zwei neue Spieler als Hase und Helfer in den Kreis. Wer bleibt am längsten in der Mitte? Dieses Paar erhält fünf Punkte, das zweite Paar drei, das dritte Paar einen. (Alle anderen gehen leer aus.)

Figuren kegeln

- Baut aus neun Kegeln (es gehen auch leere Konservendosen oder kleine Pappkartons) Figuren auf: Dreieck, Quadrat, Mauer, Pyramide …
- Versucht nacheinander mit einem Tennis- oder Schlagball, die Figuren umzukegeln.
- Wer die Figuren mit den wenigsten Versuchen umkegelt, ist Sieger und bekommt fünf Punkte. Der zweite bekommt drei, der dritte einen.

Name: _____ Klasse: _____ Datum: _____

Die Lese-Sport-Olympiade

⭐⭐⭐ 1. Veranstaltet doch mal eure eigenen olympischen Spiele! Die Olympiade hat vier Wettbewerbe: zweimal lesen und zweimal bewegen. Lest die Anweisungen auf diesem und dem zweiten Blatt und bereitet die Olympiade in der Turnhalle vor.

Tipp: Ladet andere Klassen zur Olympiade ein!

Lesestation 1: Schneidet den Lesetext aus und legt ihn auf eine Matte. Der Sportler muss nun den Text laut vorlesen. Ein Schiedsrichter sitzt dabei und zählt die Fehler.

> Von allen Monstern wird der Wiffwaff am meisten gefürchtet. Das Untier wird etwa einen Meter lang und einen halben Meter hoch. Mit seinen großen braunen Augen und der Stupsnase erinnert es ein wenig an ein junges Reh. Ist der Wiffwaff also harmlos? Nein, ganz und gar nicht! Der Wiffwaff ist für mehr als die Hälfte aller Monsterangriffe in Deutschland verantwortlich. Mit seinem niedlichen Aussehen erweicht er die Herzen der Wanderer, die unglücklich genug sind, ihm im Wald zu begegnen. Meist bindet er sich einen blutigen Verband um das Bein und legt sich wimmernd an den Wegesrand. Wenn ein mitleidiger Wanderer dem „Reh" nahe kommt, um ihm zu helfen, bricht der Wiffwaff in jammervolle Tränen aus. Das ist ein Moment höchster Gefahr! Die Tränen des Wiffwaffs sind nämlich giftig! Das Gift erzeugt Wahnvorstellungen und schlechte Träume. Wer weiß, wie viele Wanderer schon aus deutschen Wäldern heimgekehrt sind und sich danach für Stühle oder Autos hielten. So lange der Wiffwaff lebt, werden wir immer verwirrter werden.

Lesestation 2: Schneidet den Lesetext aus und legt ihn auf eine Matte. Der Sportler liest den Text leise durch. Dann erzählt er ihn einem Schiedsrichter nach. Der Schiedsrichter zählt, ob alle wichtigen Infos (grau markiert) genannt wurden. Jede fehlende Info zählt als Minuspunkt.

> In den schwärzesten Höhlen des Schwarzwalds leben noch immer etwa sechs bis zehn Tiere einer faszinierenden Drachenart: die Sabbernden Schwarzdrachen. Leider sind die Tiere sehr scheu und werden kaum je von Menschen entdeckt.
> Die Drachen hausen ausschließlich in Tropfsteinhöhlen. Die Menschen glauben, dass die merkwürdigen Tropfsteine durch Wasser entstehen, das winzige Gesteinskrümel mit sich trägt. Das ist jedoch falsch. In Wirklichkeit ist es der Sabber der Sabbernden Schwarzdrachen, der durch die Höhlen tropft. Dieser Sabber enthält einen starken Klebstoff, der sich allmählich zu den sogenannten Tropfsteinen auftürmt. Die Tropfsteine dienen den Sabbernden Schwarzdrachen zu vielfältigen Zwecken: als Massagebürsten (Wer würde sich nicht gerne den Rücken kratzen, wenn er winzige Höhlenwanzen zwischen den Schuppen hätte?), als Werkzeuge zum Buddeln und Hämmern (Irgendwer muss diese Höhlen ja gegraben haben!) und als Musikinstrumente (In die breiten Drachenmäuler passen locker zwölf Tropfsteinpfeifen!).

Name: Klasse: Datum:

Die Lese-Sport-Olympiade (2)

Sportstationen

Hindernisrennen:

Das bereitet ihr vor:
- Stellt acht Hütchen zum Slalomlaufen hintereinander.
- Legt davor und dahinter je ein niedriges Hindernis zum Darüberspringen.

So geht es:
- Der Sportler rennt möglichst schnell die Strecke entlang.
- Ein Schiedsrichter zählt die Fehler (berührte Hütchen oder Hindernisse).

Bälle verteilen:

Das bereitet ihr vor:
- Malt mit Kreide eine Startlinie auf den Fußboden.
- Zeichnet fünf weitere Linien, jeweils in zwei Metern Abstand voneinander.
- Stellt einen Kasten oder ein Tischchen an die Startlinie und legt fünf Bälle darauf.
- Stellt je einen kleinen Eimer an jede weitere Linie.

So geht es:
- Der Sportler startet an der Startlinie. Er greift einen Ball, rennt so schnell er kann zur ersten Linie und wirft den Ball in den Eimer. Dann rast er zurück zur Startlinie.
- Dort nimmt er wieder einen Ball, rennt zur zweiten Linie, wirft den Ball in den Eimer und kehrt um zur Startlinie …
- So verteilt er die fünf Bälle möglichst schnell in die fünf Eimer.
- Ein Schiedsrichter zählt die Fehler (fallen gelassene Bälle; Bälle, die nicht im Eimer landen).

> **Tipp:** Probiert die Spiele einmal aus, bevor der Wettbewerb beginnt. So könnt ihr sicher gehen, dass jeder die Regeln verstanden hat.

2. Führt die Olympiade durch. Alle Schüler sollten an jedem Wettbewerb teilnehmen. Wechselt euch dafür als Schiedsrichter ab.
Wer am Ende die wenigsten Punkte hat, ist Sieger. Veranstaltet eine Siegerehrung!

> **Tipp:** Ihr könnt für eure Olympiade auch andere Lesetexte und andere Spiele aussuchen!

Name: Klasse: Datum:

So liest man Sachtexte

Bearbeite alle Aufgaben zum Text „Die Ritter". Nach jeder Aufgabe, die du geschafft hast, darfst du unten eine Krone ausmalen.

⭐⭐⭐ 1. Überfliege den Text „Die Ritter". Suche mit den Augen nach Überschriften, den Anfängen von Absätzen und Schlüsselwörtern, die sich wiederholen.
Nun weißt du ungefähr, wovon der Text handelt. Schreibe das in einem Satz auf.

_____

⭐⭐⭐ 2. Lies den Text sorgfältig durch. Unterstreiche dabei wichtige Informationen gelb. Unterstreiche unbekannte oder schwierige Wörter und Sätze rot.

⭐⭐⭐ 3. Kläre die rot markierten Wörter. Schlage sie im Wörterbuch nach, suche im Internet nach einer Erklärung oder besprich dich mit einem Mitschüler, Lehrer oder deinen Eltern. Schreibe die Erklärungen hier auf.

_____

_____

_____

_____

⭐⭐⭐ 4. Fasse jeden Abschnitt in einem Satz zusammen. Dabei helfen dir die gelb markierten Wörter.

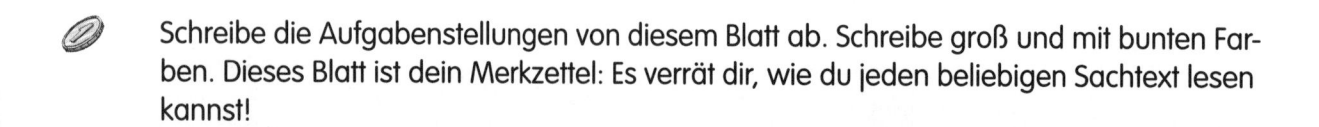

_____

_____

_____

_____

🪙 Schreibe die Aufgabenstellungen von diesem Blatt ab. Schreibe groß und mit bunten Farben. Dieses Blatt ist dein Merkzettel: Es verrät dir, wie du jeden beliebigen Sachtext lesen kannst!

Name: Klasse: Datum:

Die Ritter

Das Wort Ritter kommt von Reiter. Ritter waren nämlich Kämpfer, die zu Pferd in die Schlacht zogen. Wenn der König Krieg führte, war der Ritter verpflichtet, ihm im Kampf zu helfen.

Ritter trugen schwere Rüstungen, Waffen (meist Schwert und Lanze) und besaßen ein zuverlässiges Streitross. Als Helfer brauchten sie Pagen und Knappen. Das alles war sehr teuer. Daher konnten es sich nur reiche Adlige leisten, Ritter zu werden.

Die Ausbildung zum Ritter begann schon mit sieben Jahren. Auf der Burg eines Ritters lernte ein Junge Reiten, Jagen, Bogenschießen und den Schwertkampf. Auch Lesen, Schreiben und Rechnen übte er.

Mit 14 oder 15 Jahren wurde der Junge zum Knappen ernannt. Nun war er immer an der Seite seines Ritters. Er half beim Anlegen der Rüstung und trug seinen Helm und sein Schild. Im Krieg kümmerte sich der Knappe um Pferde und Waffen.

Der lang ersehnte Ritterschlag erfolgte meist mit 21 Jahren. Der Knappe, auch Edelknecht genannt, kniete nieder und wurde von seinem Ritter, einem anderen Adeligen oder dem König mit der flachen Schwertseite auf beide Schultern geschlagen. Nun durfte der neue Ritter endlich Schwert, Helm, Schild und Rüstung tragen.

Zur Feier der Schwertleite fand oft ein Turnier statt. Das war eine gute Kampfübung für jeden Ritter. Zwei Ritter versuchten, sich mit ihren Lanzen vom Pferd zu stoßen. Bei anderen Turnieren kämpften zwei Rittergruppen auf Pferden gegeneinander.

Verfeindete Ritter belagerten die Burg des Gegners. Dazu hatten sie verschiedene Hilfsmittel. Die Kämpfer kletterten mit Leitern an der Mauer hinauf. Mit riesigen Schleudern versuchten sie, die Mauern zu zerstören. Die Burgbewohner warfen dafür Steine oder schütteten kochendes Wasser oder Öl auf die Feinde herab. Bei Gefahr verschanzten sie sich im Bergfried, dem höchsten Burgturm. Aber wenn Wasser und Essen knapp wurden, mussten sie mit dem Gegner verhandeln.

Name: _____ Klasse: _____ Datum: _____

Einen Lexikonartikel schreiben

Wenn du dich mit einem Thema richtig gut auskennst, kannst du einen Lexikonartikel darüber schreiben. Im Internet, wo ihn zahlreiche Menschen lesen können, kannst du so vielen Leuten etwas beibringen!

⭐⭐⭐ 1. Wähle ein Thema aus, das dich interessiert. Gut ist, wenn du darüber bereits etwas gelesen hast und dich ein wenig auskennst.

> **Tipp:** Dein Thema kann ein Tier oder eine Pflanze sein, eine Sportart, ein berühmter Mensch, eine Erfindung, ein Land, eine Gegend, eine Stadt, ein Berg oder ein Meer. Du kannst auch in deinen Arbeitsblättern oder Büchern zum Sachunterricht blättern. Welche Sachtexte fandest du besonders interessant?

⭐⭐⭐ 2. Schreibe in Stichworten auf, was du in deinen Artikel schreiben möchtest.

Thema: _____

Was ist das? _____

_____

Wo gibt es das? _____

Sonstiges: _____

_____

⭐⭐⭐ 3. Schreibe deinen Artikel in ganzen Sätzen auf.

⭐⭐⭐ 4. Stelle deinen Artikel auf Grundschulwiki ein. Das geht so:
- Gehe auf http://grundschulwiki.zum.de.
- Klicke oben rechts auf „Einloggen". Melde dich mit deinem Benutzernamen und deinem Kennwort an. Dein(e) Lehrer(in) kann dir zeigen, wie das geht.
- Öffne die Seite http://grundschulwiki.zum.de nun noch einmal in einem anderen Fenster. Klicke in dem Kasten „Wichtige Informationen – Hilfe" auf „Hilfe für Kinder".
- Drücke im Inhaltsverzeichnis auf „3.1 Du willst einen neuen Artikel schreiben?".
- Lies die Anweisungen dort. Befolge sie in dem ersten Fenster, in dem du dich eingeloggt hast.

> **Tipp:** Wenn du Pech hast, dann gibt es zu deinem Thema schon einen Artikel im Grundschulwiki. Lies diesen Artikel dann sorgfältig durch. Denkst du, es fehlt etwas oder ist nicht ganz richtig? Dann ändere den Artikel! Wie das geht, erfährst du ebenfalls in der Hilfe.

Geschichten - Lesetexte und Übungen

Name:　　　　　　　　　　　　　Klasse:　　　　　Datum:

Zack, der Zauberschüler

1. Lies die Geschichte.

> Zack ist seit zwei Monaten Zauberschüler bei dem großen und mächtigen Zauberer Zabbadäus. Zack findet das Zaubern ganz schön schwierig. Abrakasimsa, Dabrakasamsa, brakadasumsa … wer soll sich das merken?
> „Zack", sagt Zabbadäus früh am Morgen, „ich fahre heute einkaufen und Zaubererfreunde treffen. Pass gut auf das Labor auf! Füttere die weißen Ratten mit Salat, trockne die Salamanderschwänze und rühre den Gesangstrank um, damit er nicht anbrennt. Die fleischfressenden Pflanzen solltest du auch gießen, aber nur mit Rotwein oder Bier. Ihr Futter fangen sie sich selbst. Alles klar?"
> Zack hat extra gut zugehört: „Ratten, Salamander, Trank, Pflanzen. Klar!"
> Als der Meister gegangen ist, macht sich Zack sofort an seine Aufgaben. Er rührt den Trank um und hängt die Salamanderschwänze zum Trocknen auf. Nun kann er wohl mal eine kleine Pause machen, oder nicht? Doch schon nach wenigen Minuten schreckt Zack hoch. Er hat vergessen, die Ratten zu füttern! Sind die Salamanderschwänze schon trocken? Nicht richtig, aber das muss reichen. Er schmeißt die Schwänze in den Käfig. Die weißen Ratten machen sich sofort darüber her. Wofür war noch mal der Salat, der hier liegt? Sicher für den Gesangstrank, denkt Zack, den sollte er ja sowieso umrühren. Also Salatblätter hinein und gut umgerührt.
> Da fällt Zacks Blick auf die fleischfressenden Pflanzen auf der Fensterbank. Was die wohl zu essen mögen? Auch ein paar Salamanderschwänze? Zack reißt den Ratten die restlichen Schwänze weg – die weißen Tiere sehen sowieso satt aus – und stopft jeder fleischfressenden Pflanze einen Schwanz ins Maul. Dann gießt er die zufrieden schmatzenden Pflanzen mit etwas Gesangstrank und wischt sich den Schweiß von der Stirn. Es ist ja richtig anstrengend, so ein Zaubererleben!
> Am Abend, als Zabbadäus zurückkehrt, führt Zack ihn stolz ins Labor. Doch was ist da los? Die Ratten liegen matt in ihrem Käfig – und haben offenbar Durchfall –, die fleischfressenden Pflanzen schmeißen eine wilde Party und vom Zauberkessel her kommt ein beißender Geruch. Zack schluckt. Er erwartet ein schreckliches Donnerwetter, doch Zabbadäus schnuppert, geht zum Kessel und probiert einen Schluck. „Angebrannter Gesangstrank mit Salat?", überlegt er. „Könnte das etwa …? Ja! Ein Tanztrank!" Und Zabbadäus wirbelt hüpfend und sich drehend durch das Labor. „Großartig, Zack!", ruft er immer wieder. „Ein Tanztrank! Ein Tanztraaank …"

Name: _____ Klasse: _____ Datum: _____

Lies genau! Was ist passiert?

⭐ 1. Lies noch einmal die Geschichte von Zack, dem Zauberschüler. Beantworte die Fragen mit ganzen Sätzen.

   a) Seit wann ist Zack Zauberschüler?
   _____

   b) Wie heißt der Zauberer, bei dem Zack das Zaubern lernt?
   _____

   c) Womit sollte Zack die Ratten und die fleischfressenden Pflanzen versorgen?
   _____

   d) Was hat Zack den Ratten und den fleischfressenden Pflanzen tatsächlich gegeben?
   _____

   e) Was passierte mit den Ratten?
   _____

   f) Was hat Zack mit dem Gesangstrank falsch gemacht? Was passierte dadurch mit dem Trank?
   _____

⭐ 2. Was hätte Zack an diesem Tag eigentlich tun sollen? Schreibe eine kurze Geschichte darüber, wie er alle Aufgaben **richtig** erledigt.

_____
_____
_____
_____
_____
_____
_____
_____

Name: _____ Klasse: _____ Datum: _____

Lies genau! Ein Wort zuviel

⭐ 1. Lies die Geschichte. In jedem Satz (außer in der Überschrift) ist ein Wort zuviel. Finde es und kreise es farbig ein.

> **Winterfreunde**
>
> Ich Kevin hätte so gerne einen eigenen Hund.
>
> Besonders im Winter wünscht wäre das toll.
>
> Der Hund könnte mich wärmen, wenn ich sich draußen spiele.
>
> Er würde bestimmt den Husky Heimweg finden, wenn ich mich mal verlaufe.
>
> Er könnte meinen Schlitten ziehen, das wäre ein schon Spaß!
>
> Mein lange Hund würde mich vor Wildschweinen und den großen Jungs beschützen.
>
> Im einen Internet habe ich schon alles über Hunde gelesen.
>
> Ich frage mal Papa, was Schlittenhund so ein Hund kostet.

⭐ 2. Schreibe die eingekreisten Wörter nacheinander auf die Linie.

_____

Auch in diesem Satz ist ein Wort zuviel. Welches?

Kevin wünscht sich einen _____.

⭐ 3. Wünscht du dir auch einen Hund oder ein anderes Haustier? Schreibe ein paar Sätze über dein Tier. Verstecke in jedem Satz ein überflüssiges Wort.
Gib den Text deinem Nachbarn. Findet er alle falschen Wörter?

_____
_____
_____
_____
_____

Name: _____ Klasse: _____ Datum: _____

Lies genau!
Hier ist etwas falsch

⭐ 1. Der Fehlerteufel hat einige Buchstaben verdreht oder geklaut. Unterstreiche die falsch geschriebenen Wörter und schreibe sie richtig an den Rand.

| Detektiv Didi Scharfhirn hat einen nueen Fall: Den Fal der verschwundenen Bananen. Riesiche Mengen der gelben Früchte werdne aus LKWs geklaut. Wer will die alle esen? Didi Scharfhirn ist radlos. | |

⭐ 2. Mit seinem tropfenden Füller hat der Klecksezwerg das Notizbuch von Detektiv Didi verschmutzt. Schreibe die fehlenden Buchstaben an den Rand.

Befragung L✱-Fahrer:

behauptet, er hat nichts bemerkt. Sagt, er hat ein Schläfchen auf dem Parkpla✱ beim Zoo gemacht und den LKW vorher abgeschlo✱en. Als er aufwachte, waren d✱ Bananen weg.

Befragung Kranführer im Hafen:

sa✱t, er wiegt jeden Container, den er auf LKWs verl✱dt. Ist sich sicher, da✱ der Bananencontainer voll w✱r (sehr schwer!).

⭐ 3. Didi hört ein merkwürdiges Telefonat zwischen dem Kranführer und einem Unbekannten. Leider spricht der Kranführer die Ba-Geheimsprache. Kannst du Didi helfen, seine Worte zu entschlüsseln?

> Sonnbatagba, zehnba Uhrba gehtba esba wiebaderba losba. Dieba arbamenba Afbafenba werbadenba endbalichba sattba. Aberba Vorbasichtba, einba Debatekbativba warba hierba!

_____

_____

_____

⭐ 4. Wer hat die Bananen geklaut? Und warum? Besprich dich mit deinem Nachbarn. Wenn ihr es schafft, den Fall zu lösen, schneidet den Detektivausweis aus und malt ihn an.

**MEISTERDEDEKTIV
DIDI SCHARFHIRN & PARTNER**

bestätigen hiermit, dass

Name: _____

aus: _____ Alter: _____

ein Meisterdetektiv ist und selbstständig ermitteln darf.

Didi Scharfhirn

Name: _____   Klasse: _____   Datum: _____

Lies genau! Sätze sortieren

✯ ✯ 1. Diese Texte sind ganz durcheinander! Lies sie genau und nummeriere die Zeilen in der richtigen Reihenfolge.

🚁 Hubschrauber sind sehr praktische Fluggeräte, weil sie keine lange Start- und Landebahn

🚁 oder rückwärts fliegen. Dafür stellt der Pilot die Rotorblätter schräg.

🚁 brauchen. Sie heben einfach nach oben ab. Dafür sorgen die langen Rotorblätter auf dem Dach,

🚁 die sich schnell drehen. Ein Hubschrauber kann sogar seitwärts

🚀 Beispiel die Schwerelosigkeit. Auf der ISS gibt es nämlich kein oben und unten, alles schwebt

🚀 schwerelos herum. Stell dir mal vor, was da auf der Toilette passiert!

🚀 Raumstation ISS, die um die Erde kreist. Dort erforschen sie zum

🚀 Raumschiffe werden mit Raketen ins All geschossen. Die Astronauten an Bord reisen auf die

⛴ Waren um die ganze Welt fahren. Auch viele Kreuzfahrtschiffe sind riesig. Auf ihnen kann man nicht

⛴ ihnen sind Tret- oder Ruderboote für ein oder zwei Personen. Mit so einem bist du vielleicht auch

⛴ nur schlafen, sondern auch einkaufen und ins Kino gehen.

⛴ Auf den Meeren und Flüssen sind jede Menge Schiffe unterwegs. Die kleinsten von

⛴ schon über einen See geschippert. Die größten sind Frachtschiffe, die

✯ ✯ 2. Betrachte das Zahlenbild. Übertrage die Zahlen aus den fett umrandeten Figuren neben den Texten. Male nun alle Felder mit den richtigen Farben an: Welches Fahrzeug siehst du?

🚁 = grau

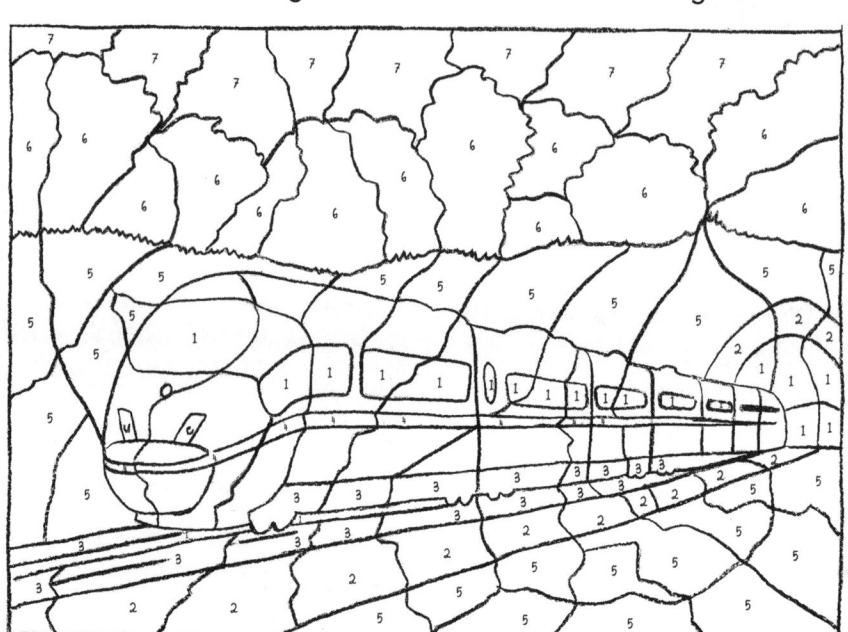

🚀 = schwarz

⛴ = rot

2 = dunkelbraun
5 = hellbraun
6 = grün
7 = blau

Name: Klasse: Datum:

Geheimschrift

⭐⭐ 1. Kannst du diesen Text in Geheimschrift entziffern? Lies ihn.

> **Tipp:** Lies den Text deinem Nachbarn laut vor. Das klingt sehr lustig und macht sicher Spaß!

Der geheime Auftrag

Der Priat Sir Nicolas of Bigship hat enein geiheemn Auftrag.
Er slol die Scheattn-Isenl erschorfen.
Dort husat nimläch ein riesengroßes, feuerspeiendes Ugneuheer.
Aslo sgeelt Sir Nicolas of Bigship zur Scheattn-Isenl.
Deri Weochn lnag durchkämmt er mit senein tfaepren Mennrän den Dschungel.
Kinee Supr von eneim Ugneuheer!
Nur enein Vluakn gbit es auf der Isenl.
Wenn der ausbricht, schßeit Fueer haures.
Ob er das Ugneuheer ist?

⭐⭐ 2. Schreibe den Text richtig auf.

_____
_____
_____
_____
_____
_____
_____

⭐⭐ 3. Erfinde einen eigenen Text in Geheimschrift! Gib ihn deinem Nachbarn zu lesen.

Name: Klasse: Datum:

Unsere Kettengeschichte

⭐⭐ 1. Bildet eine Gruppe von vier Schülern. Jeder braucht ein DIN-A4-Blatt Papier und einen Stift. Und so spielt ihr:

- Jeder Spieler schreibt einen Satz auf. Dieser Satz soll der Anfang einer Geschichte sein. Dann gibt er das Papier seinem linken Nachbarn.

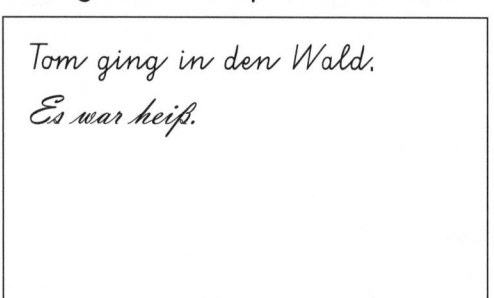

> Tom ging in den Wald.
> Es war heiß.

- Jeder Spieler liest den Satz, den er bekommen hat, und denkt sich aus, wie die Geschichte weitergeht. Er schreibt einen Satz auf. Dann faltet er den ersten Satz nach hinten (er darf nicht mehr zu sehen sein!) und gibt das Papier seinem linken Nachbarn.
- So geht es weiter, bis das Papier voll ist. Lest dann eure Geschichten laut vor. Das macht bestimmt Spaß!

⭐⭐ 2. Ihr könnt auch so spielen:

- Jeder Spieler schreibt einen Satz auf und reicht das Papier seinem linken Nachbarn.
- Jeder Spieler liest den Satz, den er bekommen hat, und malt ihn darunter. Dann faltet er den geschriebenen Satz nach hinten, sodass nur das Bild zu sehen ist, und reicht das Papier seinem linken Nachbarn.
- Jeder Spieler betrachtet das Bild, das er bekommen hat, und schreibt einen Satz, der das Bild beschreibt. Dann faltet er das Bild nach hinten und reicht das Papier nach links weiter.
- Jeder Spieler liest den Satz und malt ihn darunter.
- Faltet die Zettel auf, lest die Sätze und guckt die Bilder an. Na, lustig?

⭐⭐ 3. Oder ihr spielt das Wer-was-wie-wo-Spiel:

- Jeder Spieler schreibt einen Namen (Wer?) auf: <u>Onkel Fritze</u>. Dann faltet er das Papier der Länge nach, sodass der Name nach hinten kommt, und reicht das Papier seinem linken Nachbarn.
- Nun kann jeder Spieler ein Verb/Tuwort in der 3. Person Singular (Was?) aufschreiben: <u>plätschert</u>. Dann faltet er das Papier der Länge nach, sodass das Verb nach hinten kommt. Reicht das Papier nach links weiter.
- Jeder Spieler schreibt jetzt ein Adjektiv/Eigenschaftswort (Wie?) auf: <u>lustig</u>. Faltet das Papier wie beschrieben und gebt es dem linken Nachbarn.
- Nun schreibt jeder Spieler einen Ort (Wo?) auf: <u>in der Badewanne</u>.
- Faltet alle Zettel auf und lest die Sätze vor. Viel Spaß dabei!

Name: _____ Klasse: _____ Datum: _____

Eine Geschichte schreiben, lesen und verbessern

⭐⭐⭐ 1. Denke dir eine eigene Geschichte aus. Erfinde dazu:

- eine Hauptfigur: _____

- einen Freund für die Hauptfigur: _____

- einen Gegner: _____

- ein Problem/eine Aufgabe: _____
_____

Schreibe deine Geschichte auf. Wenn du mehr Platz brauchst, schreibe auf der Rückseite weiter.

_____

_____

_____

_____

_____

_____

_____

⭐⭐⭐ 2. Lies deine Geschichte noch einmal durch. Achte darauf:
- Hat die Geschichte eine Einleitung und einen Schluss?
- Ist der Hauptteil spannend?
- Kann man die Handlung verstehen?
- Stimmen Rechtschreibung und Zeichensetzung?

⭐⭐⭐ 3. Tausche deine Geschichte mit einem Nachbarn. Lies die Geschichte deines Nachbarn. Achte auf die gleichen Punkte wie in Aufgabe 2.
Sage deinem Nachbarn, wie dir die Geschichte gefallen hat. Bleibe freundlich und beleidige ihn nicht! Hör dir an, was dein Nachbar zu deiner Geschichte zu sagen hat.

⭐⭐⭐ 4. Verbessere deine Geschichte. Lies sie dann, wenn du magst, der Klasse vor.

Name: _____ Klasse: _____ Datum: _____

Fußball

Vierundvierzig Beine rasen
durch die Gegend ohne Ziel,
und weil sie so rasen müssen,
nennt man das ein Rasenspiel.

Rechts und links stehn zwei Gestelle,
je ein Spieler steht davor.
Hält den Ball er, ist ein Held er,
hält er nicht, schreit man: „Du Toooor!"

Fußball spielt man meistens immer
mit der unteren Figur.
Mit dem Kopf, obwohl's erlaubt ist,
spielt man ihn ganz selten nur.

Aus: „Das große Heinz Erhardt-Buch",
Lappan Verlag Oldenburg, 2009

⭐⭐ 1. Lies das Gedicht leise. Suche dir dann einen Partner. Lest euch das Gedicht gegenseitig laut vor.

⭐⭐ 2. Finde heraus, was die folgenden Wörter bedeuten. Schlage sie in einem Wörterbuch nach oder berate dich mit deinem Partner.
Schreibe deine Erklärungen auf.

rasen: _____

Rasenspiel: _____

Tor: _____ oder

_____

untere Figur: _____

⭐⭐ 3. Suche Reimwörter zu diesen Wörtern:

Ball   Tor   Latte

_____   _____   _____

_____   _____   _____

Name: _____ Klasse: _____ Datum: _____

Noch mehr Fußball

Hier siehst du unseren jungen Held
Jan-Felix auf dem Fußballfeld.
Er übt das Dribbeln, schießt den Pass,
übt Freistoß ohne Unterlass.
Die Mutter sagt: „Nun komm nach Hause,
es ist doch gerade Halbzeitpause."
Doch auch im Schlafe lässt er's kaum:
Elfmeter gibt's sogar im Traum!

1. Lies das Gedicht leise. Suche dir dann einen Partner. Lest euch das Gedicht gegenseitig laut vor.

2. Sammle ganz viele Fachwörter rund um den Fußball und schreibe sie in den Kasten.

> Elfmeter
> Pass
> Schwalbe

3. Schreibe ein eigenes Gedicht zum Thema Fußball auf die Rückseite dieses Blattes. Verwende dabei möglichst viele Fußballwörter aus dem Kasten.

Tipp: Wenn es dir zu schwer ist, dann muss sich das Gedicht nicht reimen.

Auf dem grünen Planeten

Auf Grüno ist alles grün: Der Himmel, die Häuser, die Popos der Grünoanier ... Ja, richtig, die Grünoanier. Das sind kleine Außerirdische mit drei Beinen, fünf Armen, aber ohne Augen. Wozu auch, sie würden ja nur grün sehen!

Die Grünoanier erkennen die Welt um sie herum mit ihren 50 Fingern. Wenn zwei Grünoanier sich begegnen, dann betasten sie sich gegenseitig den Po. So erkennen sie leicht, ob da ihr bester Freund oder der Lehrer steht. Ich weiß, das klingt eklig, aber wenn man keine Augen und keine Nase hat, dafür aber zwei Pofalten ... dann ist das Gesicht einfach nicht so spannend. Unterhalten können sich die Grünoanier über ihre Gedanken.

Graup, ein junger Grünoanier mit besonders dunkelgrüner Haut, ist zum Spielen mit seinem Freund Grunz verabredet. Die beiden treffen sich am Spielplatz. Ein Klopfer auf das Hinterteil – ganz klar, das hier ist der Allerwerteste von Grunz.

Sofort fangen die beiden an zu spielen. Die Matschrutsche ist Graups Lieblingsspielgerät. Hier kann man so richtig schön durch den grünen Schlamm schlittern.

‚Und jetzt zur Monsterschaukel!', denkt Graup an Grunz.

‚Wer als Erster da ist!', denkt Grunz zurück und rennt auf allen Achten davon – du weißt ja, drei Beine und fünf Arme! Auch Graup galoppiert los. Er spürt so gerne den Dreck unter seinen 50 Fingern. Oh, was ist das? Graup erwischt einen Mistkäfer und stopft ihn sich im Laufen in der Mund. Dann ist er auch schon an der Schaukel. Als Erster, denn Grunz hat zwischendurch einen Freund getroffen.

‚Gringo ist lustig', erzählt Grunz, als er endlich bei der Schaukel ist, ‚aber sein Po fühlt sich einfach widerlich an!'

Graup lacht. ‚Lass uns endlich schaukeln.' Die hässlichen Schaukelmonster von Grüno sind nämlich so stark, dass sie mehr als zehn Grüno-Kinder gleichzeitig auf ihren schuppigen Armen schaukeln lassen können. Dass die Monster ständig pupsen, macht Graup und Grunz nichts, schließlich haben sie keine Nasen.

Abends fallen Graup und Grunz müde, aber zufrieden in ihre grünen Betten. Das war ein herrlicher, ekliger Tag!

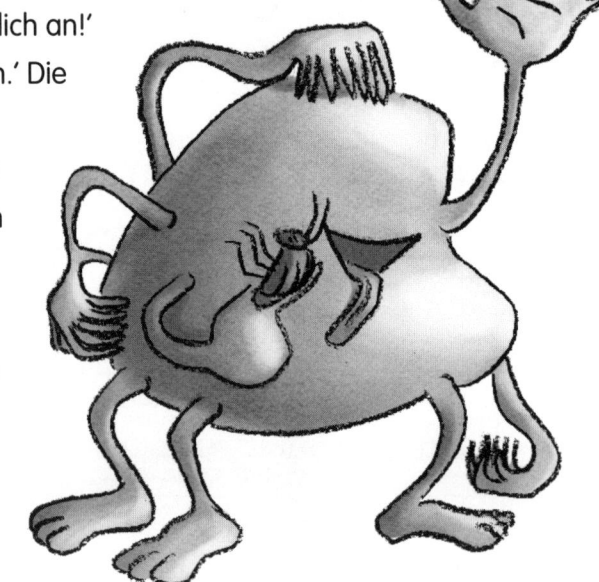

Name: Klasse: Datum:

Das Ja-Nein-Spiel

✦✦ 1. Lies den Text „Auf dem grünen Planeten" aufmerksam durch.

✦✦ 2. Denke dir Fragen zum Text aus. Sie müssen mit Ja oder Nein beantwortet werden! Schreibe die Fragen auf die Linien.

Heißt der Planet Grüno?

Ist auf Grüno alles blau?

Heißt Graups Freund Grünz?

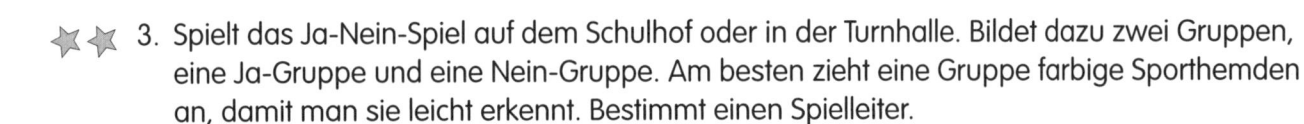

✦✦ 3. Spielt das Ja-Nein-Spiel auf dem Schulhof oder in der Turnhalle. Bildet dazu zwei Gruppen, eine Ja-Gruppe und eine Nein-Gruppe. Am besten zieht eine Gruppe farbige Sporthemden an, damit man sie leicht erkennt. Bestimmt einen Spielleiter.

- Die beiden Gruppen stellen sich gegenüber auf.
- Der Spielleiter stellt eine von euren Fragen.
- Alle überlegen, ob die Antwort Ja oder Nein ist. Lautet die Antwort Ja, muss die Ja-Gruppe fangen, die anderen laufen weg. Bei Nein fängt die Nein-Gruppe. Gefangene Schüler kommen in die gegnerische Gruppe. Schüler, die falsch fangen oder weglaufen, auch.
- Wenn in einer Gruppe nur noch zwei Schüler übrig sind, ist das Spiel beendet. Diese Gruppe hat verloren.

🪙 4. Denkt euch Fragen zu einem anderen Text aus. Es muss eine Geschichte sein, die alle Schüler kennen! Schreibt die Fragen auf und spielt das Ja-Nein-Spiel mit euren eigenen Fragen.

Name: _____ Klasse: _____ Datum: _____

Eine Geschichte sammeln

⭐⭐ 1. Schneide die Puzzleteile aus und setze das Puzzle zusammen. Lies dazu die Wörter und Sätze auf den Puzzleteilen.

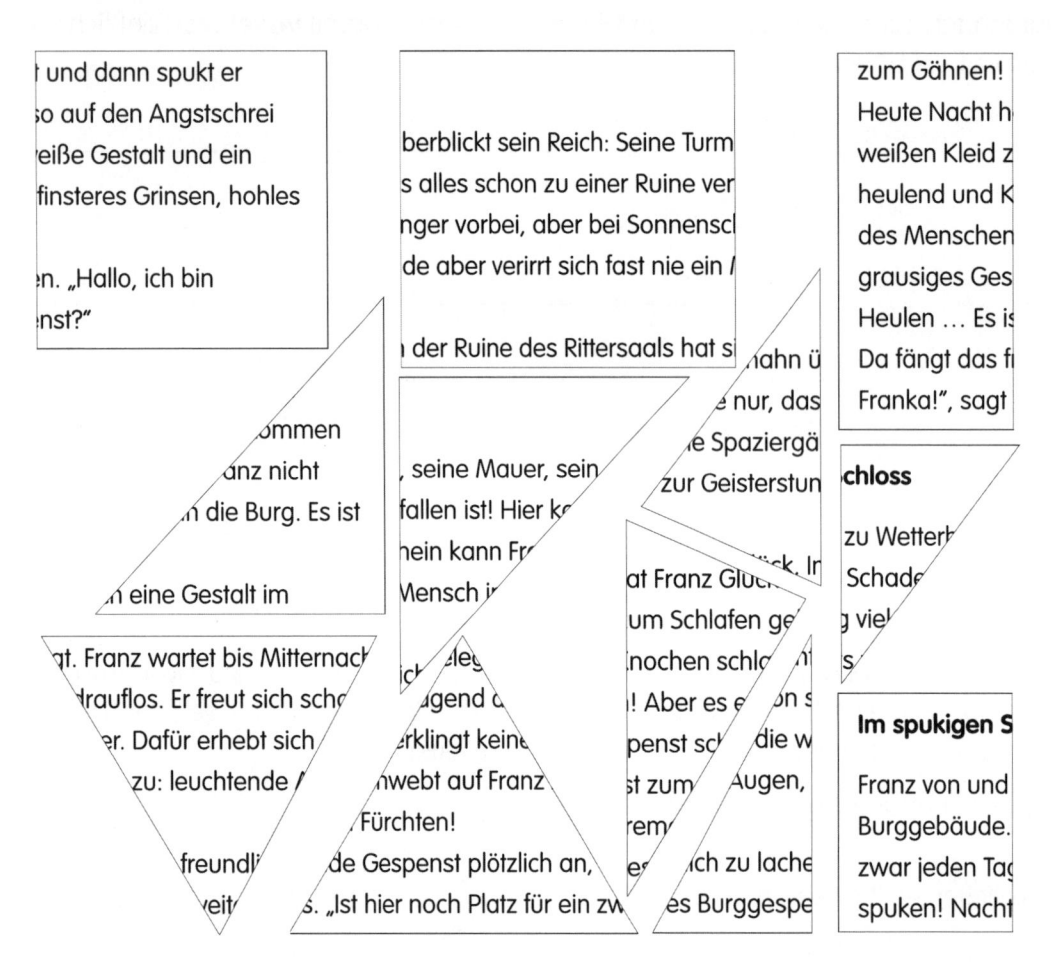

(Puzzleteile mit Textfragmenten)

⭐⭐ 2. Klebe das Puzzle in den Kasten und lies die fertige Geschichte noch einmal durch.

Name: Klasse: Datum:

Seemannsgarn spinnen

1. Lies den Text.

> Auf einem Segelschiff waren Leinen und Taue sehr wichtig: Damit wurden schließlich die Segel gespannt. Damit die Seile lange hielten, umwickelte man sie immer wieder mit Garn, dem Schiermannsgarn. Daraus wurde später das Wort „Seemannsgarn". Das Umwickeln war eine ziemlich öde Angelegenheit, also erzählten sich die Seeleute Geschichten von ihren Erlebnissen auf See. Dabei wurde gerne mal ein wenig übertrieben oder angegeben. Wenn jemand eine ganz verrückte Geschichte erzählt, sagt man heute auch: Er spinnt Seemannsgarn.

2. Spinne nun selber Seemannsgarn! Suche dir dazu ein Tau aus. Schreibe eine spannende Geschichte, in der die drei Wörter aus dem Tau vorkommen. Deine Geschichte darf ruhig ein bisschen übertrieben und verrückt sein!

- Unwetter, Koch, seekrank
- Seeungeheuer, Schiff, Kapitän
- Schiffbruch, Messer, Hafen
- Insel, Schatzkarte, Fluch

_____

_____

_____

_____

_____

_____

| Name: | Klasse: | Datum: |

Lesen auf dem Fußballfeld

✦✦✦ 1. Lest doch mal auf dem Fußballfeld! Setzt euch dazu ganz gemütlich auf den Rasen. Lest die Lesetexte leise (allein) oder laut (einem Nachbarn vorlesen). Wenn alle fertig gelesen haben, macht ihr zehn bis 15 Minuten Fußballtraining. Dann lest ihr wieder, dann spielt ihr wieder …

Tipp: Ihr könnt auch in der Turnhalle oder auf einem anderen Sportplatz lesen. Wählt selber ein Buch aus und setzt euch zum Lesen auf dicke Matten. Spielt Spiele oder trainiert Tricks, die ihr aus dem Sportverein oder dem Sportunterricht kennt.

Eigentor …

Jakob spielt schon seit einem Jahr im Fußballverein. Zweimal die Woche ist Training und im Sommer gibt es fast jeden Samstag ein Spiel. Jakob kickt, dribbelt, übt Volleys und Fallrückzieher. Nur ein Problem hat er: Er hat noch nie ein Tor geschossen. Im Training nicht und beim Spiel schon gar nicht. Irgendwie ist Jakob immer viel zu aufgeregt. Dann spielt er lieber einen Pass, anstatt selber aufs Tor zu zielen.
Heute spielt Jakobs Mannschaft gegen die Jungs aus dem Nachbardorf. Weil Sommerfest ist, mit Grillen und Lagerfeuer, gucken besonders viele Leute zu. Auch Jakobs Eltern und seine großen Brüder sind da. Und alle feuern ihn an. „Jakob, Jakob!", schreien sie, wann immer er in die Nähe des Tors läuft. Dann gucken alle Zuschauer nur auf ihn. Jakob wird jedes Mal rot und verliert den Ball. Als seine Brüder mal wieder besonders laut brüllen, beschließt Jakob, es endlich zu versuchen. Er schießt, der Ball fliegt am Torwart vorbei, und – Eigentor! Jakob stand, ohne es zu merken, vor seinem eigenen Torwart! Seine Mannschaft ist sauer. Jakob möchte im Boden versinken.

Sich nach hinten und zur Seite drehen

Wenn vor dir kein Mitspieler ist, den du anspielen kannst, dann musst du dich umdrehen. Und das geht so:

- Stelle im Laufen den Fuß auf den Ball und ziehe ihn leicht nach hinten. Der Ball rollt nun etwa einen Meter rückwärts.
- Drehe dich blitzschnell um und laufe dem Ball hinterher. Du hast die Richtung gewechselt!

Lesen auf dem Fußballfeld

… und Tor!

Jakob läuft zum Trainer. „Kannst du mich auswechseln?", fragt er. Aber der Trainer schüttelt den Kopf. „Du bleibst drin, Jakob. Du hast einen Fehler gemacht. Das passiert jedem mal. Versuche jetzt, den Fehler wieder gut zu machen. Spiele so gut du kannst! Ich weiß, dass du ein super Spieler bist!"

Jakob läuft auf den Platz zurück. Immerhin sind seine Brüder jetzt still. Das Spiel geht weiter. Jakob trickst einen Verteidiger aus, indem er sich blitzschnell zur Seite dreht. Dann liefert er eine tolle Kopfballvorlage für Lukas. Lukas schießt ein Tor für seine Mannschaft! Es steht eins zu eins!

Nun greifen die Gegner an, doch Jakob kann den Ball im letzten Moment ins Aus schießen. Er hört seine Familie jubeln. Langsam macht ihm Fußball wieder Spaß. Nun erbeutet wieder Lukas den Ball, er läuft damit über den Platz, passt zu Moritz, der passt zurück zu Lukas. Jakob läuft mit. Er steht frei.

‚Wenn mich Lukas jetzt anspielt', denkt er, ‚dann mach ich's.' Da kommt das schwarz-weiße Leder auch schon auf Jakob zugeflogen. Er stoppt den Ball mit der Brust und schießt mit aller Kraft aufs Tor. Der Ball tanzt einen Moment auf den Fingerspitzen des Torwarts und landet dann mitten im …

„Tooor!", brüllen die Spieler. „Tooor!", jubeln die Zuschauer. Der Schiri pfeift das Spiel ab. Jakob ist der Held des Tages. Auch wenn seine Brüder ihn noch ein wenig aufziehen.

Den Ball mit dem Körper stoppen

Kommt der Ball hoch durch die Luft geflogen, stoppst du ihn am besten mit dem Oberkörper.

- Übt zu zweit. Dein Mitspieler wirft dir den Ball auf Brusthöhe zu.
- Wenn der Ball deine Brust berührt, ziehe den Oberkörper schnell zurück. Dabei verliert der Ball seinen Schwung.
- Schiebe jetzt den Oberkörper schnell wieder nach vorn. So wird der Ball nach unten gedrückt. Er fällt jetzt langsam vor deine Füße.
- Ganz ähnlich geht es mit dem Fuß. Lasse den Ball auf deinen Fuß fallen.
- Wenn der Ball den Spann (wo am Schuh die Schnürsenkel sind) berührt, ziehst du den Fuß schnell zurück. Der Ball fällt langsam zu Boden.
- Bleibt der Ball nicht gleich liegen, stoppe ihn mit der Fußsohle.

Name:　　　　　　　　　　　　Klasse:　　　　Datum:

Gespenster müssen spuken (1)

✦✦✦ 1. Lies die Geschichte.
Jedes Mal, wenn du das Wort „Gespenst" liest,
bekommst du einen Punkt.
Wie viele Punkte erreichst du?

Meine Punkte:

Ha ist ein schauriges Gespenst. Jede Nacht spukt er durch das große alte Haus und erschreckt die Bewohner: das kleine Mädchen mit dem rosa Nachthemd, den frechen Jungen im Hochbett, die Eltern, die Großeltern … alle fürchten sich vor Ha!

Nur heute geht es Ha gar nicht gut. Er hat Bauchschmerzen, ihm ist übel und ihm steht der kalte Schweiß auf der Stirn. Spukvergiftung! Vermutlich hat er einen schlechten Spukzauber erwischt. Die Zauber dürfen nicht frisch sein, sondern müssen Jahrhunderte alt, staubig und abgehangen schmecken.

Die Kirchturmuhr schlägt zur Geisterstunde. Aber das Gespenst bleibt heute Nacht im Sarg. Aufstehen kann Ha auf keinen Fall, aber schlafen leider auch nicht. Hilfe, diese Bauchschmerzen! Um sich abzulenken, lauscht er auf die Geräusche in der Nacht: ein Zweig reibt sich an der Mauer, eine Maus krabbelt durch die Wände, ein Mensch schreit vor Angst.

Ha fährt hoch. Wie bitte? Jemand schreit vor Angst? Aber er spukt doch gar nicht! Ha lauscht angestrengt weiter.

„Mama, Mama!", ruft das kleine Mädchen. Tapsende Schritte. „Mama, ich hab solche Angst!"

„Ist ja gut, mein Liebling. Du hast bestimmt nur geträumt."

Ein paar Minuten später schreckt das Gespenst wieder auf. „Aah!", schreit es, „Hilfe, Monster!" Das ist der Junge im Hochbett. Dann eine Männerstimme: „Ich guck mal nach, ob sich irgendwo ein Monster versteckt."

Ha kann es nicht fassen. Die Kinder haben Angst. Wozu hat er bloß jahrelang gespukt? In der nächsten Nacht, als die Turmuhr zwölfmal schlägt, dreht Ha sich gemütlich auf die andere Seite und schnarcht weiter. Die Menschen fürchten sich bestimmt auch ohne ihn.

Gespenster müssen spuken (2)

Es ist wundervoll! Endlich muss Ha nicht mehr den ganzen Tag Heultöne proben. Er lernt Geige spielen, schreibt seine Todeserinnerungen und spielt Schach mit seinem Großvater. Nach neun Tagen setzt er Opa zum ersten Mal schachmatt. Nach 17 Tagen sind seine Todeserinnerungen fertig geschrieben (Ha hat kein sehr gutes Gedächtnis) und nach 33 Tagen kann er das Fiedeln der Geige nicht mehr hören.

Ha, das Gespenst, bekommt schreckliche Kopfschmerzen – dabei hat er gar keinen richtigen Kopf. Eines Nachts schreckt Ha aus dem Schlaf auf und erblickt das kleine Mädchen in seinem rosa Nachthemd.

„Ha!", brüllt Ha erschrocken.

„Iiiiih, ein Gespenst!", schreit das Mädchen und rennt schnell wie der Wind die Dachbodentreppe hinab.

Am nächsten Morgen ist Ha hervorragend gelaunt. Er geigt einen hübschen Trauermarsch und schlägt seinen Großvater im Schach. Nachts schläft das Gespenst wie ein Murmeltier und am folgenden Tag ist es wieder griesgrämig und kränklich. Da weiß Ha, was ihm fehlt. Kurz vor Mitternacht steht Ha auf. Er lutscht einen Hustenbonbon und heult ein paar Tonleitern. Er macht dreißig Kniebeugen und Seilhüpfen über die rostigen Ketten. Dann steigt Ha die Treppe hinab und öffnet die Zimmertür des frechen Jungen. Ha versteckt sich unter dem Hochbett und macht leise: „Haaaaaa."

Der Junge starrt mit großen Augen ins Dunkel. Ha klappert mit dem Spielzeug unter dem Bett. „Ha, ha, haaa!", heult er nun etwas lauter. Der Junge greift seinen Teddy. Ha fährt hinter der Gardine hervor, brüllt sein schlimmstes „HA-HAAA!" und zwickt dem Jungen in die Nase. Der Junge schreit gellend. Lichter gehen an. Als zwei Erwachsene die Tür aufreißen, schwebt Ha an ihnen vorbei und verschwindet kichernd auf dem Dachboden.

Zu einem richtigen Gespensterleben gehört doch unbedingt ein kleiner Spuk!

Name: Klasse: Datum:

Weiterspinnen und nacherzählen

✭✭✭ 1. Lies den ersten Teil der Geschichte „Gespenster müssen spuken".

2. Arbeitet zu zweit. Überlegt gemeinsam, wie die Geschichte weiter gehen kann. Schreibt eure Ideen in den Kasten.

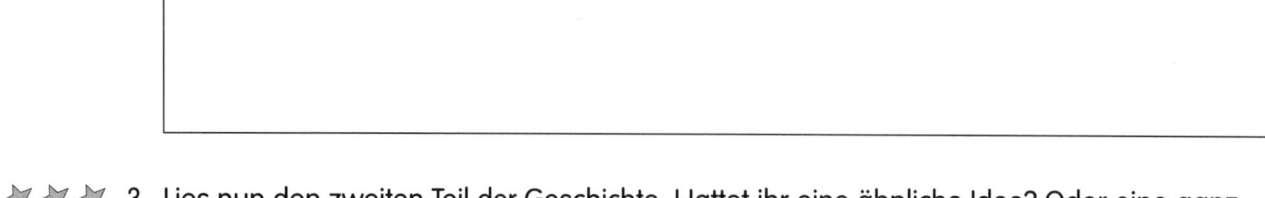

```
┌─────────────────────────────────────────────────────────┐
│                                                         │
│                                                         │
│                                                         │
│                                                         │
│                                                         │
└─────────────────────────────────────────────────────────┘
```

✭✭✭ 3. Lies nun den zweiten Teil der Geschichte. Hattet ihr eine ähnliche Idee? Oder eine ganz andere?

✭✭✭ 4. Welche Figuren (Menschen und Gespenster) kommen in der Geschichte vor? Schreibe auf.

_____

✭✭✭ 5. Schreibe in wenigen Stichworten die Handlung der Geschichte auf.

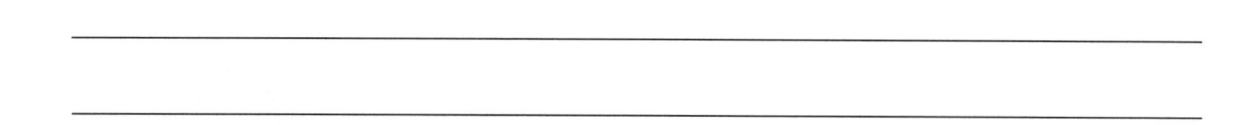

_____

_____

_____

✭✭✭ 6. Erzähle deinem Nachbarn die Geschichte. Benutze dabei nur deine Notizen auf diesem Zettel. Lies nicht in der Geschichte nach.

✭✭✭ 7. Lasse deinen Nachbarn eine, zwei oder drei Kronen ausmalen.

Und das bedeuten sie:
3 Kronen: Du hast toll erzählt! Du bist ein wahrer Geschichtenkönig!
2 Kronen: Nicht schlecht erzählt, aber ein wenig eintönig. Hast du auch nichts vergessen?
1 Krone: Deine Erzählung hat mir nicht so gut gefallen. Lies die Geschichte noch einmal und versuche, viel spannender zu erzählen.

Name: _____ Klasse: _____ Datum: _____

Mein Lesebild malen

⭐⭐⭐ 1. Wenn dir die Geschichte „Gespenster müssen spuken" ganz schön lang erscheint, kannst du sie auch stückweise lesen. Male dann zu der Geschichte ein Lesebild. Wie das geht, erfährst du hier:

- Lies die ersten drei Absätze der Geschichte.
- Male fünf Minuten an deinem Lesebild. Dafür kannst du dir eine Stoppuhr oder einen Wecker einstellen.
- Lies wieder drei Absätze und male wieder fünf Minuten. Mache so weiter, bis die Geschichte zu Ende ist.
- Für das Lesebild brauchst du einen großen Bogen Papier oder ein altes Stück Tapete, Stifte, Farben und Pinsel.
- Male ein Bild, das zu deiner Geschichte passt, zum Beispiel das Gespenst Ha aus der Geschichte „Gespenster müssen spuken". Du kannst auch das große alte Haus, die Hausbewohner, seinen Opa, Has Sarg und … und … und dazu malen.

Tipp: So ein Lesebild kannst du auch zu jeder anderen Geschichte malen. Wenn du zu Hause ein ganzes Buch lesen willst, dann stelle dir eine Stoppuhr auf acht bis zehn Minuten. Lies in dieser Zeit im Buch. Male danach acht bis zehn Minuten am Lesebild. Lies jeden Tag einmal und male jeden Tag einmal.

⭐⭐⭐ 2. Bastelst du sehr gerne? Dann gestalte eine Leselandschaft!

- Lies wie oben immer drei Absätze (oder bei einem ganze Buch zu Hause: 8 bis 10 Minuten). Basteln darfst du ruhig etwas länger: 8 Minuten in der Schule oder 15 bis 20 Minuten zu Hause.
- Wenn du die Geschichte fertig gelesen hast, dann bastele deine Leselandschaft in Ruhe zu Ende.
- Du brauchst ein großes Stück Pappe, jede Menge Zeitungspapierschnipsel und Mehlkleister (Wasser und Mehl zu einem dicken Brei verrührt).
- Baue Menschen, Tiere, Pflanzen und Häuser aus Kleister und Papierschnipseln. Setze sie auf die Pappe.
- Male sie nach dem Trocknen mit Wasserfarben an.

Name: _____ Klasse: _____ Datum: _____

Meine Erlebnisgeschichte

Erfinde eine eigene Erlebnisgeschichte!
Eine Erlebnisgeschichte kann wirklich passiert sein, muss sie aber nicht. Wichtig ist, dass die Geschichte passieren könnte: Sie muss also in unserer Welt spielen, ohne Zauberei, fliegende Untertassen und sprechende Tiere.

✯✯✯ 1. Wer ist die Hauptfigur deiner Geschichte? Du oder ein anderes Kind?

_____

✯✯✯ 2. Wo spielt die Geschichte?

_____

zu Hause, Wald, Feriencamp, Sportverein …

✯✯✯ 3. Wovon handelt die Geschichte? Welches Abenteuer erlebt die Hauptfigur?

_____

_____

_____

✯✯✯ 4. Welche Probleme hat die Hauptfigur? Kommen gefährliche Situationen oder böse Menschen vor?

_____

✯✯✯ 5. Schreibe deine Geschichte auf. Wenn hier nicht genug Platz ist, dann schreibe auf der Rückseite oder in deinem Heft weiter.

> **Tipp:** Wenn du die Hauptfigur deiner Geschichte bist, dann schreibe in der Ich-Perspektive: *Ich war auf dem Weg zum Training, als …*

_____

_____

_____

_____

_____

_____

Name: _____ Klasse: _____ Datum: _____

Eine Rezension schreiben

Wenn du ein Buch gelesen hast, kannst du anderen Menschen erzählen, wie es dir gefallen hat. Das kannst du mündlich tun (zum Beispiel zu Hause oder in der Schule) oder auch schriftlich. So einen Text nennt man Rezension.

⭐⭐⭐ 1. Wähle ein Buch aus, das du vor Kurzem gelesen hast. Es ist egal, ob dir das Buch gut oder nicht gut gefallen hat!

⭐⭐⭐ 2. Schreibe in Stichworten auf, was du in deine Rezension schreiben möchtest.

Name des Buches und des Autors: _____

_____

Verlag: _____

Erscheinungsort: _____ Erscheinungsjahr: _____

Inhalt: _____

_____

So hat mir das Buch gefallen: _____

Warum hat es mir so gefallen? _____

Hier steht meine Lieblingsstelle: _____

> **Tipps:**
> - Die Angaben zu Verlag, Erscheinungsort und Erscheinungsjahr findest du meist auf der allerersten oder allerletzten Seite des Buches.
> - Für andere Leser ist es besonders interessant, wenn du aufschreibst, <u>warum</u> du das Buch gut oder schlecht findest. Du kannst hier zum Beispiel an die Handlung denken, an die Figuren oder daran, wie das Buch geschrieben ist.

⭐⭐⭐ 3. Schreibe deine Rezension in ganzen Sätzen auf. Achte darauf, dass du den Autor und das Buch nicht beleidigst! Du kannst die Rezension auf ein Blatt Papier oder am Computer schreiben. Erfinde auch eine passende Überschrift.

Toller Schmöker   Spannende Piratengeschichte   Super Märchenbuch

⭐⭐⭐ 4. Stelle deine Rezension beim „Buchbasar" ein. Das geht so:
- Gehe auf http://www.learn-line.nrw.de/angebote/buchbasar/index.jsp.
- Klicke rechts auf „Fehlt hier dein Buch? Dann stell es doch vor!"
- Schreibe deine Rezension in die passenden Felder. Wenn du am Computer geschrieben hast, musst du den Text nur noch hinein kopieren.
- Klicke auf „Fertig!" Fertig!

Unser Bücherprojekt

Als Abschluss der Leseförderung – oder auch ganz unabhängig davon – können Sie mit den Schülern ein Bücherprojekt durchführen. Das Wort Projekt klingt immer spannend und vielversprechend, es deutet auf selbstständiges Lernen von interessanten, sonst weniger in der Schule verbreiteten Themen hin. Das Bücherprojekt behandelt ein jungentypisches Thema, verbindet aber Textsorten (nämlich erzählende Textsorten und Sachtexte) genau wie Arbeitstechniken (kreative und handelnde Aufgaben), die typischerweise von Mädchen bzw. Jungen bevorzugt werden, miteinander.

Auf den folgenden Seiten finden Sie Vorschläge für ein Bücherprojekt zu dem Buch Fliegender Stern von Ursula Wölfel (Carlsen Verlag, 2007). Das Projekt besteht zum einen daraus, das Buch zu lesen und sich damit zu beschäftigen. Zum anderen untersuchen die Schüler das Thema Indianer. Daher finden Sie im Folgenden auch Schreib-, Mal-, Bastel- und Spielvorschläge zum Thema (Seite 77). Sie können sowohl in Einzelarbeit als auch mit einem Partner oder in Gruppen erledigt werden. Abschließend finden Sie Ideen für eine Präsentation des Projekts (Seite 78). Hierbei sollten sowohl das Buch als auch das Thema präsentiert werden.

Alle Vorschläge lassen sich selbstverständlich auch auf andere Bücher und andere Themen übertragen.

Ein Buch und Thema auswählen

Alternativ zu dem oben angeführten Buchvorschlag können Sie bei der Auswahl des Buches ganz auf die Vorlieben der Schüler eingehen. Ist gerade der Weltraum ein beliebtes Thema in der Klasse, suchen Sie nach einem Buch über die Raumfahrt. Fragen Sie die Schüler auch nach eigenen Vorschlägen.

Lesen und sich informieren

Das Buch lesen:

Das Buch besteht aus elf Kapiteln zu je ca. 4–15 Seiten. Lassen Sie das Buch kapitelweise **lesen.** Die Schüler lesen zum Beispiel zu Hause, in der Schule als Freiarbeit, in der Leseecke, in Partnerarbeit oder in Gruppen. Sie können leise lesen oder laut **vorlesen.**
Veranstalten Sie mit einem vorher festgelegten und geübten Abschnitt einen Mini-Vorlesewettbewerb.

Die einzelnen Kapitel können paar- oder gruppenweise zusammengefasst werden, das geht mündlich oder schriftlich. **Nacherzählen** können die Schüler auch in Form eines Berichts. Sie schreiben einen Text darüber, wie Fliegender Stern (oder eine andere Figur aus der Geschichte) einem Freund oder Verwandten von den Erlebnissen (mündlich) erzählt. Auch ein Gedicht über Fliegender Stern bzw. aus der Sicht von Fliegender Stern ist eine gute Möglichkeit, einzelne Kapitel oder das ganze Buch zusammenzufassen.

Spaß macht auch das **Weitererzählen** (s. Seite 72). Günstige Einschnitte für das Weitererzählen sind zum Beispiel:

- Mitte 2. Kapitel (nach „Er legte sein Gesicht ins Gras und weinte."): Findet Fliegender Stern das Pferd wieder? Kann er es zum Lager zurückreiten?

- Mitte Kapitel 5: Traut sich Grasvogel, im See schwimmen zu gehen? Was sagen die anderen Großen dazu?

- Ende 7. Kapitel: Reiten Fliegender Stern und Grasvogel tatsächlich alleine fort? Was erleben sie?

- Beginn Kapitel 11: Wie werden Fliegender Stern und Grasvogel von ihren Eltern und dem Stamm aufgenommen? Freut man sich, dass sie wieder da sind, oder bekommen sie Ärger?

Nach der Lektüre **schreiben** die Schüler einen Brief an Fliegender Stern. Darin erzählen sie davon, wie ihnen seine Geschichte gefallen hat, was sie sich für die Zukunft der Indianer wünschen und was sie selber schon einmal Mutiges getan haben.

Sich über das Thema informieren:

Geben Sie den Schülern Zeit, sich ausführlich über das Thema Indianer zu informieren. Hierfür sollten verschiedene Informationskanäle zur Verfügung stehen.

Bei einem Besuch in der **Schul- oder Gemeindebücherei** können die Schüler in Ruhe stöbern und schmökern. Wenn hierbei Bücher entliehen werden, kann danach in der Klasse eine kleine **Buchausstellung** oder eine **Bücherkiste** zum Thema zusammengestellt werden.

Auf der Suche nach konkreten Informationen können Sie den Schülern zunächst ein **Kinderlexikon** anbieten. Daneben gibt es unzählige **Sachbücher** über Indianer, die speziell für Kinder im Grundschulalter geschrieben sind (zum Beispiel WAS IST WAS Band 42 Indianer von Signe Seiler). Beim Lesen von schwierigen Sachtexten hilft Seite 49.

Im Internet können die Schüler ebenfalls nach Informationen suchen. Am besten wählen sie dafür eine Suchmaschine für Kinder wie www.helles-koepfchen.de oder www.blinde-kuh.de.

Schreib-, Mal-, Bastel- und Spielideen

Zum Thema Indianer können die Schüler ein **Lexikon** mit wichtigen Fachbegriffen erstellen. Dazu schreiben sie kurze Erklärungen zu Begriffen wie „Tipi", „weißer Mann" oder „Büffel". Die einzelnen Artikel können in ein Heft geschrieben oder in einen Ordner geheftet werden (s. auch Seite 51).

Außerdem können die Schüler **Steckbriefe** erstellen: Von Indianerstämmen, von typischen Tieren und Pflanzen, auch von Sitten und Gebräuchen der Indianer. Die Steckbriefe werden auf DIN-A4-Blätter geschrieben, in einem Ordner gesammelt oder in der Klasse oder der Schule aufgehängt.

Die Schüler können zum Buch und zum Thema **malen.** Bilder malen kann man zum Beispiel von der Hauptfigur Fliegender Stern oder auch von der Lieblingsszene im Buch. So kann das ganze Buch von den Schülern als **Bilderbuch** gestaltet werden.

Malen kann man auch wichtige Gegenstände (Tipi, Pferd, Pfeil und Bogen) und die Kleidung eines Indianers. So können auch die Erklärungen im Lexikon mit Bildern erweitert werden.

Als Einstieg bietet sich auch das Spiel **„Wortschatzsuche"** an. Dabei suchen die Schüler (am besten in kleinen Gruppen) möglichst viele Wörter, in denen das Schlüsselwort des Themas „Indianer" vorkommt: Indianerlager, Indianerzelt, Prärieindianer …

Rund um die Indianer kann man wunderbar **basteln.** Ein einfaches Indianerkostüm fertigen die Kinder aus einer alten Hose und einem alten T-Shirt, in deren Beine bzw. Ärmel man Fransen schneidet bzw. an ihnen annäht. Mit Stoffmalfarben können bunte Muster aufgemalt werden. Außerdem kann man Perlen oder Federn aufnähen. Aus einem Lederstreifen kann sich jeder Indianer ein Stirnband basteln, das ebenfalls mit Stoffmalfarben bemalt und mit Perlen oder Federn verziert wird. Vorschläge für ähnliche Basteleien und viele weitere Infos finden Sie unter www.kindernetz.de/infonetz/infonetz/indianer.

Aus Pappmaschee lässt sich alles basteln, was die Fantasie hergibt. Die Basteleien sind stabil, können sehr groß sein (brauchen dann jedoch oft ein Gestell aus Draht oder Pappe) und bemalt werden. Wie wäre es mit einem Tipi oder einem Büffel aus Pappmaschee? In der Gruppe kann so ein ganzes Indianerdorf hergestellt und Szenen aus dem Buch nachgespielt werden. Leicht möglich ist es auch, so ein Indianerdorf aus lufttrocknender Modelliermasse (aus dem Bastelladen) zu formen.

Im Kapitel „Geschichten" sind einige Spiel-, Schreib- und Bastelideen enthalten, die auch für das Bücherprojekt genutzt werden können. Schauen Sie zum Beispiel auf den Seiten 65, 68–69, 73 und 75 nach.

In den **Sportunterricht** kann man das Thema Indianer ebenfalls einbeziehen (s. auch Seite 43/44). Die Schüler können selber im Buch forschen, welche sportlichen Fähigkeiten ein Indianerjunge wie Fliegender Stern haben muss (rennen, schwimmen und ins Wasser springen, reiten, anschleichen, verstecken, Bogenschießen). Diese können im Sportunterricht geübt werden: Wettrennen in der Turnhalle, schwimmen (wenn möglich) im Schwimmbad, reiten und aufsteigen auf einem Holzpferd.

Anschleichen üben die Schüler auf einem selbstgebauten Schleichpfad voller geräuschvoller Gegenstände: Gras, trockenes Laub und Zweige, Steinchen … Wer macht am wenigsten Geräusche beim Darüberschleichen?

Verstecken übt man beim Büffelspiel: Eine Hälfte der Gruppe sind Indianer, die anderen Büffel. Die Büffel grasen auf der Wiese, die Indianer schleichen sich an. Auf ein Signal des

Lehrers hin müssen sich alle Indianer schnell verstecken. Wenn dann ein Büffel einen Indianer sehen kann, wird dieser auch zum Büffel. Welcher Indianer versteckt sich am besten?

Im **Musikunterricht** kann Indianermusik mit Trommeln, Rasseln und Flöten gemacht werden. Dabei schulen die Kinder Rhythmusgefühl und das Hören auf andere.

Anhören kann man auch Dvořáks Sinfonie „Aus der neuen Welt". Hören die Schüler darin die Indianer und ihren Lebensraum?

Alle Bastel- und Schreibprodukte des Projekts können die Schüler – individuell oder in Paaren oder Gruppen – in einer Mappe oder Schatzkiste **sammeln.** Wenn diese Mappe oder Kiste noch schön gestaltet (beschriftet, bemalt, beklebt) wird, dann steigt die Wertschätzung für den Leseschatz bestimmt!

Die Präsentation

Wie präsentieren?

Zur Präsentation können die Schüler ein **Plakat** mit eigenen Texten und Bildern gestalten.

Für eine **Wandzeitung** werden DIN-A4-Zettel gestaltet. Diese können im Klassenzimmer oder in der Schule ausgehängt werden. Hängt man die Zettel ins Fenster, können andere Schüler sie von außen lesen. Die Zettel können auch als „Zeitungsschlange" in einem Flur aufgehängt werden.

Die Schüler bereiten einen mündlichen **Vortrag** vor. Dazu müssen sie eine Gliederung erstellen, einen Text vorbereiten und passende Bilder heraussuchen. Die spannende Aufgabe des Vortrags sollte man nicht unter Zwang an schüchterne Schüler vergeben.

Die Schüler können eine **PowerPoint-Präsentation** erstellen. Dabei können eigene Texte und Bilder aus dem Internet kombiniert werden.

Die Schüler gestalten ein Kapitel des Buches als **Theaterstück** (s. Seite 27) oder **Hörspiel.**

Die Schüler schreiben eine **Rezension** des Buches (s. Seite 75).

Wo präsentieren?

Alle Präsentationsideen können auf verschiedenen Wegen der Öffentlichkeit zugänglich gemacht werden. Zunächst einmal präsentieren die Schüler im Umfeld der **Schule:** vor ihren Mitschülern oder der ganzen Klasse, vor der Parallelklasse oder der ganzen Schule. Am Elternabend oder am Schulfest können auch die **Eltern** etwas vom Bücherprojekt miterleben.

Plakate und Wandzeitungen können auch einem breiterem Publikum präsentiert werden. Sie können zum Beispiel fragen, ob Sie etwas in der **Bücherei** oder einer **Buchhandlung** aushängen dürfen. Die meisten Menschen sind bei Produkten von Grundschülern offen und hilfsbereit.

Hat Ihre **Tageszeitung** eine Kinderseite? Dort können Kinder oft Texte oder Bilder veröffentlichen. Auch wenn es keine spezielle Kinderseite gibt, können Sie sich an Ihre Tageszeitung wenden. Viele Blätter berichten sehr gerne von besonderen Projekten an lokalen Schulen.

Anhang

Buch- und Internettipps für Lehrer und Eltern

Bücher:

- „Jungen und Mädchen: wie sie lernen" von Vera F. Birkenbihl (München: Knaur, 2005)
- „Mädchen lernen anders lernen Jungen. Geschlechtsspezifische Unterschiede beim Schriftspracherwerb", hrsg. v. Sigrun Richter und Hans Brügelmann (Bottighofen: Libelle, 1994)
- „Der geflügelte Bleistift" von Cornelia Beckstein und Marion Schäfer (Münster: Ökotopia-Verlag, 2000)
- „Lesen fördern in der Grundschule" von Annette Neubauer (Mannheim: Duden, 2007)
- „Mehr Lesekompetenz für mein Kind" von Antje Dohrn (Stuttgart: Urania, 2005)

Internetseiten:

- www.antolin.de
  → Die Plattform zur Leseförderung für Schulklassen
- www.lesen-in-deutschland.de
  → Projekte zur Leseförderung
- www.kinderbuch-couch.de
  → unzählige Leseempfehlungen, nach Altersgruppen und Themen sortiert
- www.lesenacht.de
  → Ideen rund um die Lesenacht
- www.grundschulwiki.de
  → Lexikon von Grundschülern für Grundschüler
- www.kickenundlesen.de
  → ein Lese-Projekt für fußballbegeisterte Jungs der Landesstiftung Baden-Württemberg

Buchtipps für Schüler

- „Der Lesemuffel" von Saskia Hula ist ein lustiges Buch von einem Jungen, der nicht lesen mag. (Sauerländer, 2008, ISBN 3794160908)
- Die Reihe „Die wilden Fußballkerle" von Joachim Masannek umfasst 14 Bücher über 14 fußballverrückte Jungs. (dtv junior, seit 2003)
- „Startschuss" von Andreas Schlüter und Irene Margil sowie weitere Titel der Reihe „Fünf Asse" sind spannende Krimis rund um den Sport. (dtv junior, seit 2008)
- „Der kleine Ritter Trenk" von Kirsten Boie ist eine lustige Rittergeschichte mit vielen Bildern. (Oetinger, 2006, ISBN 3789131636)
- „Mio, mein Mio" und „Die Brüder Löwenherz" von Astrid Lindgren sind spannend, abenteuerlich und fantastisch zugleich. (Oetinger, 2008, ISBN 3789141674 und 2007, ISBN 3789140910)
- „Die Abenteuer des Stanley Buggles – Schrecklich schaurige Piraten" von Chris Mould handelt von Piraten und dreibeinigen Hunden. (Ravensburger, 2008, ISBN 3473347507)
- Alex' kleiner Bruder nervt ihn in „Wie ich meinen kleinen Bruder fast auf den Mond geschossen hätte" von Frank Asch so sehr, dass er ein Raumschiff baut, um die Nervensäge ins Weltall zu schießen. (Boje Verlag, 2007, ISBN 3414820625)
- „Abenteuer Weltwissen – Germanen" von Anne Scheller ist ein Sachbuch voller Infos und dazu gehört eine CD mit einer spannenden Zeitreise in die Zeit der Germanen. (Buchverlag Kempen, 2010, ISBN 3867402116)
- „Wie wird man Astronaut?" von Uwe Krauss (aus der Reihe „Willi will's wissen") beantwortet viele Fragen rund um Spaceshuttle, Raumstation und Co. (Baumhaus Medien, 2006, ISBN 383392702X)
- Das „Löwenzahn Lexikon" von Sandra Noa ist ein Nachschlagewerk zu allen Themen, die Jungen interessieren. (Brockhaus, 2009, ISBN 3765334812)

Liebe Lehrerin, lieber Lehrer,

auf diesen Seiten stellen wir Ihnen eine kleine Auswahl aus unserem Verlagsprogramm vor. Weitere Titel finden Sie im **CARE-LINE Gesamtverzeichnis,** das wir Ihnen gerne kostenlos zusenden. Ausführlich und aktuell können Sie sich außerdem in unserem **Online-Shop** informieren – dort bieten wir zu jedem Buch das Inhaltsverzeichnis und einige Probeseiten zum Download an. Und natürlich sind alle CARE-LINE Titel auch in Ihrer **Buchhandlung** erhältlich.

CARE-LINE®

Kalvarienbergstr. 22 • 93491 Stamsried • Tel.: 09466/94040
Fax: 09466/1276 • E-Mail: careline@voegel.com

www.care-line-verlag.de

Leseförderung für Mädchen
Motivierende Unterrichtsmaterialien für die Jahrgangsstufen 2–4

Gerade beim Thema Lesen wird immer wieder bewusst, dass Mädchen und Jungen unterschiedliche Gewohnheiten und Fähigkeiten haben. Mädchen gelten im Allgemeinen eher als „Leseratten" und „Bücherwürmer", Jungen als eher lesescheu. Aus dieser oberflächlichen Betrachtung allein lässt sich ableiten, dass durch geschlechtssensible Förderung hier mehr erreicht werden kann, als wenn alle Schüler „gleich gemacht" werden. Dieser Band zur Leseförderung für Mädchen enthält grundlegende Informationen zur Leseförderung allgemein und zur Entwicklung und geschlechtssensiblen Förderung von Jungen und Mädchen. Den Hauptteil bildet jeweils eine umfangreiche Sammlung an Kopiervorlagen. In einzelnen Kapiteln werden Sach- und Erzähltexte bearbeitet, jeweils mit mädchentypischen Themen und Herangehensweisen verknüpft.

Grundschule, ab 2. Jgst.
80 Seiten, DIN A4
ISBN 978-3-86878-031-4
Bestellnr.: 178031
EUR 18,60

Annette Mangstl

LRS-Training mit Gustav Giraffe – Band 1
Ein umfassendes Förderprogramm für die Grundschule

Zwischen 5 und 20% aller Schüler eines Jahrgangs haben Legasthenie. Somit finden sich tendenziell in jeder Klasse mehr als nur ein LRS-Schüler. Da für Einzelförderung meist nicht genug Zeit zur Verfügung steht, wurde das Gruppenprogramm „LRS-Training mit Gustav Giraffe" entwickelt. Damit können Sie nicht nur die Lese- und Rechtschreibleistung Ihrer Schüler fördern, sondern auch die emotionale und soziale Situation verbessern, die Motivation steigern und ein positives Lern- und Arbeitsverhalten aufbauen. Die abwechslungsreichen und in kindgerechte Geschichten eingearbeiteten Arbeitsblätter bieten den Schülern darüber hinaus die Möglichkeit, ihre eigenen Lernfortschritte zu erkennen.

Grundschule, ab 1. Jgst.
160 Seiten, DIN A4
ISBN 978-3-86708-006-4
Bestellnr.: 108006
EUR 21,90

Claudia Loipführer

Lesetraining mit Frieda Ferkel
Motivierende Geschichten und Aufgaben für die Grund- und Förderschule

Mit diesem Lesetraining wird die Lesefertigkeit auf motivierende und unterhaltsame Weise geschult. Die Inhalte sprechen die kindliche Vorstellungswelt an und orientieren sich an den Themen des Grundschullehrplans. Jede Trainingseinheit besteht aus einem kurzen, einfachen Lesetext und zwei Arbeitsblättern von unterschiedlichem Schwierigkeitsgrad. Durch Bilder zum Aus- und Fertigmalen wird ein erstes Textverständnis auf kindgerechte und motivierende Art und Weise geprüft. Die Möglichkeit, das Lesetraining im Ganzen durchzuführen oder nur einzelne der in sich geschlossenen Geschichten herauszugreifen, gibt der Lehrkraft großen Handlungsspielraum.

Grundschule, ab 2. Jgst.
Deutsch, Förderunterricht
60 Seiten, DIN A4
ISBN 978-3-93725-271-1
Bestellnr.: 125271
EUR 16,50

Annette Mangstl

LRS-Training mit Gustav Giraffe – Band 2

Innerhalb der Rahmengeschichte von Gustav Giraffe und Zilli Zebra lernen die Kinder das Schreiben weiterführender Rechtschreibregeln und -strategien. Dies umfasst die Bereiche der Groß- und Kleinschreibung, der Dehnung („ie", „Dehnungs-h"), der Strategien Verlängern und Ableiten, Merkwörter sowie eine Transferstrategie. Grundlage dabei ist das synchrone Sprechen und Schreiben in Silben. Der zweite Band des Trainings baut unmittelbar auf dem ersten auf. Für Lehrer, die erst mit Band 2 ins Training einsteigen, sind alle aus Band 1 benötigten Materialien in verkleinerter Form enthalten.

Grundschule, Ab 2. Jgst.
Deutsch, Förderunterricht
160 Seiten, DIN A4
ISBN 978-3-86878-001-7
Bestellnr.: 178001
EUR 21,90

BESTELLSCHEIN   Fax: 09466/1276 • Tel.: 09466/94040 • E-Mail: careline@voegel.com

Name: _____

Straße: _____

PLZ/Ort: _____

Telefon:* _____

E-Mail:* _____
(Falls Sie per Newsletter über Neuerscheinungen informiert werden wollen)

Schulart/Jgst.:* _____

Datum, Unterschrift: _____
* freiwillige Angaben

❑ Bitte senden Sie mir/uns kostenlos das aktuelle **CARE-LINE Gesamtverzeichnis** zu

Bitte liefern Sie mir/uns gegen Rechnung folgende Titel:

St.	Bestellnummer	Kurztitel	Preis

(Preise zzgl. Versandkosten)